Schriftenreihe
der
Juristischen Gesellschaft zu Berlin

Heft 167

W
DE
G

2000

Walter de Gruyter · Berlin · New York

Friedrich Schoch
**Die Europäisierung des
verwaltungsgerichtlichen Rechtsschutzes**

Die Europäisierung des verwaltungsgerichtlichen Rechtsschutzes

Von
Friedrich Schoch

Vortrag
gehalten vor der
Juristischen Gesellschaft zu Berlin
am 5. April 2000

W
DE
G

2000

Walter de Gruyter · Berlin · New York

Dr. *Friedrich Schoch*,
o. Universitätsprofessor an der Universität Freiburg i. Br.,
Direktor des Instituts für Öffentliches Recht V

∞ Gedruckt auf säurefreiem Papier,
das die US-ANSI-Norm über Haltbarkeit erfüllt.

Die Deutsche Bibliothek – CIP-Einheitsaufnahme

Schoch, Friedrich:
Die Europäisierung des verwaltungsgerichtlichen Rechtsschutzes :
Vortrag gehalten vor der Juristischen Gesellschaft zu Berlin am
5. April 2000 / von Friedrich Schoch. - Berlin ; New York :
de Gruyter, 2000
  (Schriftenreihe der Juristischen Gesellschaft zu Berlin ; H. 167)
  ISBN 3-11-016927-4

Inhaltsübersicht

A. Die Verwaltungsgerichtsbarkeit vor den Herausforderungen der Gegenwart

I. Die prägende Kraft der Verwaltungsgerichtsbarkeit

Der Aufbau des demokratischen und sozialen Rechtsstaats in der Bundesrepublik Deutschland ist ohne den Beitrag der Verwaltungsgerichtsbarkeit kaum vorstellbar[1]. Die äußeren Voraussetzungen hierfür werden insbesondere durch Art. 19 Abs. 4 GG und die am 1. April 1960 in Kraft getretene Verwaltungsgerichtsordnung (VwGO) markiert. Der Wert des sog. „formellen Hauptgrundrechts" ist nie völlig unumstritten gewesen. Wurde Art. 19 Abs. 4 GG einerseits als „Krönung des Rechtsstaats" bzw. als „Schlussstein im Gewölbe des Rechtsstaates" gefeiert, sprach man andererseits – nicht weniger pathetisch – von der „Entfesselung der Dritten Gewalt" und befürchtete eine „Lähmung der Verwaltung"[2]. Von Kritik im wesentlichen verschont blieb demgegenüber (jedenfalls über drei Jahrzehnte hinweg) die VwGO. Sie gilt als eine der großen Kodifikationsleistungen der Nachkriegszeit[3].

Änderungen der VwGO blieben etwa bis zum Jahr 1990 von eher marginaler Bedeutung; von substantiellen Eingriffen wird man – sieht man von der bundesrechtlichen Einführung der Normenkontrolle (§ 47 VwGO)[4] ab und lässt man das Gesetz zur Entlastung der Gerichte in der Verwaltungs- und Finanzgerichtsbarkeit[5] außer Betracht – nicht sprechen können. Diese Zeit einer relativ stabilen Prozessrechtslage sowie eines von der Judikative offenbar „beherrschbaren" materiellrechtlichen „Umfeldes" bot der Verwaltungsgerichtsbarkeit einen rechtlichen Rahmen, der sie zur Erbringung eines ganz entscheidenden Beitrags zur verwaltungsrechtlichen Systembildung befähigte[6].

---

[1] Zur Entwicklungsgeschichte vgl. die kritisch reflektierende Analyse von *Franßen*, 50 Jahre Verwaltungsgerichtsbarkeit in der Bundesrepublik Deutschland, DVBl. 1998, 413 ff.

[2] Zusammenstellung dieser und weiterer Charakterisierungen bei *Schoch*, Vorläufiger Rechtsschutz und Risikoverteilung im Verwaltungsrecht, 1988, S. 1.

[3] *Redeker*, Werden die Prozessordnungen zum ministeriellen Experimentierfeld?, DVBl. 1992, 212.

[4] Gesetz vom 24.08.1976, BGBl. I S. 2437.

[5] Gesetz vom 31.03.1978, BGBl. I S. 445.

[6] Vgl. dazu *Schmidt-Aßmann*, Der Beitrag der Gerichte zur verwaltungsrechtlichen Systembildung, VBlBW 1988, 381 ff.

Wenn das deutsche Verwaltungsrecht im internationalen Vergleich[7] nach wie vor als in besonderer Weise systematisch durchgebildetes Recht gilt[8], ist dies – trotz der Unstetigkeit und des Unvermögens der Parlamente bezüglich einer systematischen Gesetzgebung[9] – maßgeblich der Verwaltungsrechtsprechung zu verdanken. Sie hat – um nur zwei wesentliche Beispiele zu erwähnen – sowohl den Doppelauftrag des Verwaltungsrechts (Schutz des Einzelnen gegenüber der Verwaltung, Sicherung der Wirksamkeit des Verwaltungshandelns) in erprobten rechtsdogmatischen Formen weiterentwickelt als auch – ungeachtet aktueller Defizite – die Konflikte in mehrpoligen Interessenstrukturen (namentlich des Baurechts)[10] aufgegriffen, verarbeitet und durch die behutsame Prägung verfahrensrechtlicher und materiellrechtlicher Maßstäbe ein praktikables Kollisionsrecht und Distributionsrecht zwischen privaten und öffentlichen Interessen geschaffen[11]. Eine dominierende Rolle kam in jenem Entwicklungsprozess dem Bundesverwaltungsgericht zu[12].

---

[7] Vgl. dazu die Beiträge in: *Schwarze* (Hrsg.), Das Verwaltungsrecht unter europäischem Einfluß – Zur Konvergenz der mitgliedstaatlichen Verwaltungsrechtsordnungen in der Europäischen Union, 1996.

[8] Zum „Systemdenken des Verwaltungsrechts" eindringlich *Schmidt-Aßmann*, Das Allgemeine Verwaltungsrecht als Ordnungsidee – Grundlagen und Aufgaben der verwaltungsrechtlichen Systembildung, 1998, S. 2 ff.

[9] Zu Bedingungen und (Fehl-)Leistungen moderner Gesetzgebung *Sendler*, Mehr Gesetze, weniger Rechtsgewährung?, DVBl. 1995, 978 ff.

[10] Zusammenfassend dazu *Wahl/Schütz*, in: Schoch/Schmidt-Aßmann/Pietzner, VwGO (Stand: Januar 2000), § 42 Abs. 2 Rn. 110 ff. – Vgl. aber auch Text zu und in Fn. 18.

[11] *Kraft*, Entwicklungslinien im baurechtlichen Nachbarschutz, VerwArch 89 (1998), 264 ff.; *Muckel*, Der Nachbarschutz im öffentlichen Baurecht – Grundlagen und aktuelle Entwicklungen, JuS 2000, 132 ff. – Zu bereichsspezifischen Fragestellungen *Kühl*, Die Rechtsstellung der obligatorisch Berechtigten im öffentlichen Baurecht, 1996, S. 19 ff.; *Petersen*, Der Drittschutz in der Baunutzungsverordnung durch die Vorschriften über die Art der baulichen Nutzung, 1999, S. 20 ff. – Forderungen nach einem Konzeptwechsel bei *Mampel*, Modell eines neuen bauleitplanerischen Drittschutzes – Zur verfassungsrechtlichen Notwendigkeit einer Neuordnung des Nachbarschutzes durch Festsetzungen eines Bebauungsplans, BauR 1998, 697 ff.

[12] *Schmidt-Aßmann* (Fn. 6), VBlBW 1988, 381 (386).

II. Aufgaben- und Funktionswandel
der Verwaltungsgerichtsbarkeit

1. Ausgangspunkt: Konzept des Individualrechtsschutzes

Die von der Verwaltungsrechtsprechung maßgeblich beeinflusste Systembildung hat den verwaltungsgerichtlichen Rechtsschutz – auf der Grundlage von Art. 19 Abs. 4 GG sowie insbesondere der §§ 42 Abs. 2, 113 Abs. 1 S. 1 und Abs. 5 S. 1 VwGO – bekanntlich in ein Modell münden lassen, das als spezifisches deutsches Konzept des Individualrechtsschutzes bezeichnet werden kann[13]. Die Systementscheidung für den subjektiven Rechtsschutz verknüpft einerseits die verwaltungsgerichtliche Einklagbarkeit von Rechtspositionen mit dem materiellen subjektiven öffentlichen Recht[14]. Das der sog. Verletztenklage verpflichtete Konzept, das den gerichtlichen Prüfungsumfang mit der prozessualen Zugangsberechtigung (Klagebefugnis gem. § 42 Abs. 2 VwGO) parallel schaltet (sog. Rechtswidrigkeitszusammenhang gem. § 113 Abs. 1 und Abs. 5 VwGO)[15], ist andererseits von einer grundsätzlich durchgreifenden Kontrolldichte der Gerichtsbarkeit gegenüber der Verwaltung gekennzeichnet[16]. Die vornehmlich auf Art. 19 Abs. 4 GG fixierte Perspektive rückt die Rechtsbetroffenheit des Klägers in das Zentrum der gerichtlichen Kontrolle, verspricht diesem freilich die Gewährleistung einer materiellen Ergebnisrichtigkeit.

Führt man vor diesem Hintergrund die beiden Grundlinien (Konzept des Individualrechtsschutzes; Grundsatz der vollständigen Nachprüfbarkeit von Verwaltungsmaßnahmen) zusammen, stellen sich weitreichende Konsequenzen ein:

---

[13] Einzelheiten dazu bei *Schmidt-Aßmann*, in: Schoch/Schmidt-Aßmann/Pietzner, VwGO (Stand: Januar 2000), Einleitung Rn. 18 ff.; *Wahl*, ebd., Vorb. § 42 Abs. 2 Rn. 11 ff.; ausführlich *Ibler*, Rechtspflegender Rechtsschutz im Verwaltungsrecht, 1999, S. 167 ff.

[14] *Hansmann*, Schwierigkeiten bei der Umsetzung und Durchführung des europäischen Umweltrechts, NVwZ 1995, 320 (321). – BVerwGE 78, 347 (348) spricht von dem „das deutsche Verwaltungsstreitverfahren tragenden Prinzip des Schutzes subjektiver Rechte".

[15] Vgl. *Gerhardt*, in: Schoch/Schmidt-Aßmann/Pietzner, VwGO (Stand: Januar 2000), § 113 Rn. 7.

[16] *Herzog*, Verfassung und Verwaltungsgerichte – zurück zu mehr Kontrolldichte?, NJW 1992, 2601 f.; *Schmidt-Aßmann*, in: Maunz/Dürig, GG, Art. 19 Abs. IV Rn. 180 ff.; *Schulze-Fielitz*, in: Dreier (Hrsg.), GG, Band I, 1996, Art. 19 IV Rn. 87 ff.

• In Bezug auf den gerichtlichen Schutz des *materiellen Rechts* geht
das deutsche Recht von Extremen aus: „Entweder wird gar kein
Rechtsschutz gewährt, oder es wird ein Rechtsschutz von nirgends
sonst erreichter Intensität gewährt"[17]. Prominente Beispiele für die
Negierung verwaltungsgerichtlichen Rechtsschutzes finden sich vor
allem zu den Konstellationen der Nachbarklage im Baurecht[18] und
der Konkurrentenklage im Wirtschaftsrecht[19]. Dass die „Interessen"
der Betroffenen nachhaltig tangiert sind und demzufolge von einer
sog. Popularklage nicht gesprochen werden kann, ändert an dem Befund nichts[20].

---

[17] So treffend *Classen*, Die Europäisierung der Verwaltungsgerichtsbarkeit,
1996, S. 190.
[18] Beispiele: VGH BW, DÖV 1996, 426 – kein Nachbarschutz des Sonder-
eigentümers gegen eine Baugenehmigung (Nutzungsänderung), die dem Mieter
einer im Sondereigentum eines anderen Mitglieds der Eigentümergemeinschaft
stehenden Einheit erteilt worden ist; VGH BW, GewArch. 1997, 123 – Drittschutz von Festsetzungen eines Bebauungsplans über die Art der baulichen
Nutzung nur für Eigentümer von Grundstücken innerhalb des Baugebiets;
BVerwG, DVBl. 1998, 899 = NVwZ 1998, 956 – kein Nachbarschutz aus Vorschriften des Bauplanungsrechts für den obligatorisch zur Nutzung eines
Grundstücks Berechtigten (Pächter).
[19] VGH BW, VBlBW 1995, 99 und BVerwG, DVBl. 1996, 152 – kein Rechtsschutz eines privaten Wettbewerbers gegenüber kommunalwirtschaftlicher Tä-
tigkeit; OVG RP, MMR 1998, 380 – unzulässige Konkurrentenklage bei der Vergabe von Rundfunkfrequenzen an einen Wettbewerber; VGH BW, GewArch.
1999, 417 – kein Drittschutz im Fall der Erteilung einer Notfallrettungsgeneh-
migung; VGH BW, VBlBW 1999, 376 = NVwZ-RR 1999, 580 = MMR 1999,
682 (m. Anm. *Lenz*) = ZUM 1999, 588 – Unzulässigkeit der Konkurrentenklage
eines privaten Rundfunkveranstalters wegen behaupteter Verletzung des SWR-
Staatsvertrags infolge einer Konkurrenz durch den SWR; dazu *P. Mayer*,
Rechtsschutzmöglichkeiten privater Rundfunkveranstalter gegen die Pro-
grammexpansion öffentlich-rechtlicher Anstalten, ZUM 1999, 543 ff. – Vgl. ferner zu dem Gesamtkomplex die Rechtsprechungsanalyse von *Wieland*, Kon-
kurrentenschutz in der neueren Rechtsprechung zum Wirtschaftsverwaltungs-
recht, Die Verwaltung 32 (1999), 217 ff.
[20] Weitere Beispiele für den Befund: BVerwGE 95, 133 – keine Klagebefugnis des Kunden eines Elektrizitätsversorgungsunternehmens gegenüber der
dem Unternehmen erteilten Genehmigung zur Erhöhung der Tarife; BVerwG,
DVBl. 1995, 793 = NJW 1995, 1628 – keine Befugnis eines Landesverbands der
AOK, Feststellungsbescheide der Landesbehörden, mit denen Krankenhäuser
in den Krankenhausplan des Landes aufgenommen werden, anzufechten;
BVerwGE 97, 39 – keine Klagebefugnis des Investors bei Aufhebung eines In-
vestitionsvorrangbescheids, auch wenn der Investor bereits das Eigentum an
dem restitutionsbelasteten Vermögenswert erworben hat; BVerwG, NJW 1995,
2866 – keine Klagebefugnis des Mieters einer öffentlich geförderten Wohnung
gegenüber der an den Vermieter gerichteten Kündigungsanordnung der zuständigen Stelle wegen Fehlbelegung; NdsOVG, NVwZ 1998, 94 – keine Klagebe-

• Das *Verwaltungsverfahrensrecht* erfährt eine ganz erhebliche Abwertung, partiell verliert es seinen Eigenwert. Denn einem Verwaltungsverfahren kann man, wie der Präsident des Bundesverwaltungsgerichts betont hat, einen rechtlichen Eigenwert dann „nicht mehr zusprechen, wenn das Verfahrensergebnis einer kompletten gerichtlichen Rechtskontrolle unterliegt"[21]. Ob diese Konzeption des deutschen Verwaltungsrechts[22] europarechtlich Bestand haben kann, wird zu untersuchen sein[23].

Im Ergebnis wird das überkommene deutsche Konzept des Individualrechtsschutzes von der Vorstellung einer ideellen materiellen Richtigkeit geleitet[24]. Es suggeriert infolgedessen, die Lösung aller mit der Gesetzeskonkretisierung verbundenen Fragen erkenntnistheoretisch, nämlich normlogisch bewältigen zu können[25]. Das richterliche Streben nach vollständiger Rechtsanwendungskontrolle ist die notwendige Folge hieraus; ein richterliches „Kontrollmaximum" erscheint geradezu als Idealzustand, so dass nicht von ungefähr von einer spezifisch deutschen Form einer „gerichtsgeprägten Gewaltenteilung" gesprochen worden ist[26].

2. Aufgabenerweiterung und Funktionsänderung

Nun besteht selbstverständlich kein Zweifel daran, dass auf der Grundlage des Art. 19 Abs. 4 GG die traditionelle Ausrichtung am Individualrechtsschutz mit einer grundsätzlich vollständigen gerichtlichen Nachprüfung von Verwaltungsentscheidungen in tatsächlicher

---

fugnis eines Lehrers gegen eine Weisung der Schulbehörde zur Änderung einer Zeugnisnote.

[21] *Franßen* (Fn. 1), DVBl. 1998, 413 (420 f.).

[22] Ergänzend muss in diesem Konzept gesehen werden, dass – unabhängig von § 46 VwVfG i. V. m. § 113 Abs. 1 S. 1 VwGO – jegliche Gerichtskontrolle des Verwaltungshandelns ausfällt, wenn eine Klage im Falle des Drittschutzes von vornherein nur auf einen Verfahrensverstoss gestützt werden kann und es dabei nicht um ein sog. „absolutes Verfahrensrecht" geht. Dann wird bereits die Klagebefugnis verneint. Jüngstes Beispiel: OVG NW, DVBl. 1999, 1372 = NVwZ 2000, 336 zur staatlichen Parteienfinanzierung; krit. dazu *Bäcker*, Parteienfinanzierung ohne Kontrolle?, NVwZ 2000, 284 ff.

[23] Vgl. unten B. III. 2. b) bb).

[24] Vgl. zur Rechtfertigung dieses Konzepts der Einzelfallgerechtigkeit im judiziellen Sinne *Hufen*, Verwaltungsprozessrecht besteht, Verfassungsrecht vergeht?, Die Verwaltung 32 (1999), 519 ff.

[25] So *Franßen* (Fn. 1), DVBl. 1998, 413 (420).

[26] *Schmidt-Aßmann*, Die Kontrolldichte der Verwaltungsgerichte: Verfassungsgerichtliche Vorgaben und Perspektiven, DVBl. 1997, 281 (283).

und rechtlicher Hinsicht ihren bedeutsamen Stellenwert behält. Die Frage ist allerdings, ob ein theoretisch valides, dogmatisch sachangemessenes und praktisch überzeugendes Konzept des verwaltungsgerichtlichen Rechtsschutzes auch in Zukunft noch *allein* auf den traditionellen Kern von Art. 19 Abs. 4 GG gestützt werden kann. Das überkommene deutsche Modell ist offensichtlich von der Vorstellung getragen, Verwaltungshandeln sei mit Gesetzesvollzug gleichzusetzen. Dies setzt einen relativ stabilen – und damit im Wege der Interpretation ohne weiteres auffindbaren – Gesetzessinn voraus. Was aber bedeutet es, wenn „die Vorstellung der Subsumtion des Einzelfalls unter eine stabile Regel ihre Orientierungsfähigkeit eingebüßt hat", weil das der Entscheidung zugrunde liegende Recht „unvollständig ist, nicht auf stabiler Erfahrung basiert, Produkt eines mehrdeutigen Kompromisses ist oder sein Regelungsbereich einer schwer beschreibbaren Dynamik der Veränderung unterliegt"[27]? Muss nicht gerade vor diesem Hintergrund auch von der Verwaltungsgerichtsbarkeit zur Kenntnis genommen werden, dass die Verwaltung eine umfassende Verantwortung trägt und mit großer Breitenwirkung sozial gestaltend tätig wird[28]? Werden für die Normativität des Rechts und des richterlichen Entscheidens unter Komplexitätsbedingungen (also: auch Ungewissheitsbedingungen) nicht neue Fragestellungen aufgeworfen? Führt nicht die geradezu als selbstverständlich angenommene Subsumtionskompetenz der Gerichte „bei komplexeren Wertungsfragen an die Grenze dessen, was mit Hilfe der juristischen Methodenlehre verlässlich zu bestimmen ist"[29]?

Wer die aktuelle Verwaltungsrechtentwicklung beobachtet und analysiert, kommt an der Feststellung nicht vorbei, dass sich ein Aufgabenwandel vollzieht, der unweigerlich Funktionsänderungen der Verwaltungsgerichtsbarkeit erzwingt, will diese nicht – mehr noch als dies schon geschehen ist – ins Abseits geraten. Ich nenne hier nur einige wenige Stichworte aus einer Bestandsaufnahme, die unlängst aus Anlass des 40jährigen Bestehens des Verwaltungsgerichtshofs Baden-Württemberg vorgenommen worden ist[30]:

---

[27] *Ladeur*, Richterrecht und Dogmatik – eine verfehlte Konfrontation? – Eine Untersuchung am Beispiel der Rechtsprechung des Europäischen Gerichtshofs, KritV 1996, 77 (79, 93).

[28] So zu der Prämisse, die dem EG-Recht zugrunde liegt, *Classen*, Die Europäisierung des Verwaltungsrechts, in: Kreuzer/Scheuing/Sieber (Hrsg.), Die Europäisierung der mitgliedstaatlichen Rechtsordnungen in der Europäischen Union, 1997, S. 107 (121).

[29] *Schmidt-Aßmann*, Ordnungsidee (Fn. 8), S. 189.

[30] Ausführlich zu der im Text folgenden Skizze *Schoch*, Die Verwaltungsgerichtsbarkeit vor den Herausforderungen der jüngeren Rechtsentwicklung –

• Die (sicherlich von einer gewissen Einseitigkeit getragene) *Ökonomisierung* der Rechtsordnung stellt das Verwaltungsprozessrecht vor neue Herausforderungen[31], lässt den Eigenwert des Verwaltungsverfahrensrechts weiter schwinden (sofern nicht die Rechtsprechung „rettend" eingreift) und bewirkt im materiellen Recht durch die Schaffung neuer mehrseitiger Rechtsverhältnisse Interessenkonflikte und Konkurrentensituationen, denen sich der verwaltungsgerichtliche Rechtsschutz nicht verschließen darf.

• Die in Gang befindliche *Verwaltungsmodernisierung* verändert die Erscheinungsformen, in der uns (also auch der Verwaltungsgerichtsbarkeit) die öffentliche Verwaltung heute entgegentritt. So führt das vielgestaltige Phänomen der *Privatisierung* zu einer neuartigen Gewährleistungsverantwortung der Verwaltung, die mit teilweise ungewohnten Publifizierungstendenzen verknüpft ist (Stichwort: Regulierungsverwaltung). Und die *Effizienzorientierung* als zweite wichtige Kennzeichnung derzeitiger Verwaltungsmodernisierung harrt nach wie vor ihrer Anerkennung als „Rechtswert" (z. B. im Rahmen des Ermessens oder sonstiger behördlicher Gestaltungsspielräume).

• Die *Ökologisierung* führt im Sinne eines langfristigen Prozesses zu einer Ausrichtung des Rechts auf den Schutz der natürlichen Lebensgrundlagen (Art. 20a GG). Das entstehende „Risikorecht mit einer spezifischen Offenheit gegenüber dem Erkenntnisfortschritt" lässt auch die auf den Einzelfall zugeschnittene behördliche Risikoentscheidung weniger als Subsumtion denn vielmehr als Abwägung in Erscheinung treten, indiziert auf diese Weise eine Art „Funktionsvorbehalt zugunsten der Genehmigungsbehörde" (mit gleichzeitiger Begrenzung der gerichtlichen Kontrolle), verlangt anderseits ein

---

Einführung in die Thematik, VBlBW 2000, 41 ff.; *Schmidt-Aßmann*, Aufgaben- und Funktionswandel der Verwaltungsgerichtsbarkeit vor dem Hintergrund der Verwaltungsrechtsentwicklung, VBlBW 2000, 45 ff.

[31] Hinzu treten Verwerfungen im Verwaltungsprozessrecht selbst. So ist das 6. VwGOÄndG (vom 01.11.1996, BGBl. I S. 1626) als ein „Konvolut von Regelungen" bezeichnet worden, „das praktische Verfahrenserleichterungen mit höchst unsicheren Erwartungen und rechtsstaatlich Bedenklichem verbindet"; *Schmidt-Aßmann*, in: Schoch/Schmidt-Aßmann/Pietzer (Fn. 13), Einleitung Rn. 93. Vgl. zur Kritik i. e. insbesondere *Redeker*, Neue Experimente mit der VwGO?, NVwZ 1996, 521 ff.; *Meissner*, Die Novellierung des Verwaltungsprozessrechts durch das Sechste Gesetz zur Änderung der Verwaltungsgerichtsordnung, VBlBW 1997, 81 ff.; *Schenke*, „Reform" ohne Ende – Das Sechste Gesetz zur Änderung der Verwaltungsgerichtsordnung und anderer Gesetze (6. VwGOÄndG), NJW 1997, 81 ff. – Vgl. auch die Bewertung des 6. VwGOÄndG durch *Stelkens*, Aktuelle Probleme und Reformen in der Verwaltungsgerichtsbarkeit, NVwZ 2000, 155 ff.

prozedurales Rechtskonzept und fordert die Einbeziehung individueller Interessen, die in dem klassischen subjektiven öffentlichen
Recht deutscher Prägung (noch) nicht erfasst sind[32].

Wenn die hier skizzierten Beobachtungen zur aktuellen Verwaltungsrechtsentwicklung auch nur teilweise zutreffen sollten, ergeben sich
neue Herausforderungen für den verwaltungsgerichtlichen Rechtsschutz. Diese sind anspruchsvoller als die Aufgaben im traditionellen
Konzept des Individualrechtsschutzes mit der vertrauten Rechtsan-
wendung in der Form der Subsumtion von Sachverhalten unter allgemeine Gesetze.

Gefordert ist allerdings – um Missverständnisse erst gar nicht auf-
kommen zu lassen – kein Paradigmenwechsel. Es geht um eine *Fortentwicklung* des verwaltungsgerichtlichen Rechtsschutzes. Das Konzept
der Rechtsbindung als solches steht keinesfalls zur Disposition (vgl.
Art. 20 Abs. 3, 97 Abs. 1 GG); es ist freilich inhaltlichen Wandlungen
ausgesetzt[33]. Das Paradigma der Rechtsbindung bleibt also bestehen;
Rechtsprechung unter Komplexitätsbedingungen verabschiedet sich
jedoch teilweise von einem mitunter etwas naiv anmutenden Subsumti-
onsmodell, anerkennt die Bedingungen gesteigerter Komplexität und
zieht Konsequenzen aus der begrenzten Rationalität des Entscheidens
unter Komplexitätsbedingungen[34].

3. Europäisierung des Verwaltungsrechts und der Verwaltungsgerichtsbarkeit

Maßgebliche Impulse bei der Wahrnehmung und Verarbeitung der
Funktionsänderungen der Verwaltungsgerichtsbarkeit – Fortentwicklung des überkommenen Verwaltungsrechtsschutzes sowie Erweiterung zu einem Konzept, das auf die unterdessen sehr differenzierten
normativen Orientierungen des Verwaltungshandelns reagiert – könn-
ten vom Europarecht ausgehen. Ich konzentriere mich im folgenden
auf das supranationale Europäische Gemeinschaftsrecht (EG-Recht)[35].

---

[32] *Schmidt-Aßmann* (Fn. 30), VBlBW 2000, 45 (48 f.).

[33] *Ladeur* (Fn. 27), KritV 1996, 77 (83, 92).

[34] *Schmidt-Aßmann*, Ordnungsidee (Fn. 8), S. 196: Auflockerung und Er-
gänzung der Justizzentriertheit des derzeitigen Konzepts sowie Theorie der
Verwaltungsgerichtsbarkeit, die nicht länger *allein* auf Art. 19 Abs. 4 GG kon-
zentriert, sondern für Funktionserweiterungen offen ist (z. B. Öffnung zur Interessentenklage, richterliche Kontrolle nach einem bestimmten Diskursmodell).

[35] Zu den Einwirkungen der EMRK auf die Verwaltungsgerichtsbarkeit
jüngst *Schwarze*, Europäische Rahmenbedingungen für die Verwaltungsge-

Die aufgestellte Hypothese überrascht. Denn im Ausgangspunkt müssen wir zur Kenntnis nehmen, dass das EG-Recht „keine Kompetenz für die Gemeinschaft enthält, die Ausgestaltung der Verwaltungsgerichtsbarkeit zu regeln"[36]. Im Gegenteil, in der Erklärung Nr. 43 zum Protokoll über die Anwendung der Grundsätze der Subsidiarität und der Verhältnismäßigkeit im Rahmen des Amsterdamer Vertrags ist ausdrücklich festgehalten, dass die administrative Durchführung des Gemeinschaftsrechts grundsätzlich den Mitgliedstaaten der Europäischen Union (EU) obliegt[37]. Hiervon wird anerkanntermaßen neben dem Verwaltungsverfahrensrecht auch das Verwaltungsprozessrecht erfasst[38].

Zwei Ursachen sind jedoch entscheidend dafür, dass es zu einer stetig fortschreitenden Europäisierung[39] der Verwaltungsgerichtsbarkeit kommt[40]:

• In der dualistischen Vollzugsstruktur des Gemeinschaftsrechts überwiegt der mitgliedstaatliche Vollzug gegenüber dem Vollzug durch

---

richtsbarkeit, NVwZ 2000, 241 (242 ff.); ausführlich *Tonne*, Effektiver Rechtsschutz durch staatliche Gerichte als Forderung des Europäischen Gemeinschaftsrechts, 1997, S. 147 ff.; ferner *Schmidt-Aßmann*, in: Schoch/Schmidt-Aßmann/Pietzner (Fn. 13), Einleitung Rn. 132 ff.; *Dörr*, in: Sodan/Ziekow, VwGO (Stand: November 1999), Europäischer Verwaltungsrechtsschutz (EVR) Rn. 530 ff.; vgl. auch *Brenner*, Allgemeine Prinzipien des verwaltungsgerichtlichen Rechtsschutzes in Europa, Die Verwaltung 31 (1998), 1 (9 ff.).

[36] *Schwarze* (Fn. 35), NVwZ 2000, 241 (244).

[37] Die 43. Erklärung zum Protokoll über die Anwendung der Grundsätze der Subsidiarität und der Verhältnismäßigkeit lautet: „Die Hohen Vertragsparteien bekräftigen zum einen die der Schlußakte zum Vertrag über die Europäische Union beigefügte Erklärung zur Anwendung des Gemeinschaftsrechts und zum anderen die Schlußfolgerungen des Europäischen Rates von Essen, wonach die administrative Durchführung des Gemeinschaftsrechts grundsätzlich Sache der Mitgliedstaaten gemäß ihren verfassungsrechtlichen Vorschriften bleibt. Die Aufsichts-, Kontroll- und Durchführungsbefugnisse der Gemeinschaftsorgane nach den Artikeln 145 und 155 des Vertrags zur Gründung der Europäischen Gemeinschaft bleiben hiervon unberührt."

[38] *Schwarze* (Fn. 35), NVwZ 2000, 241 (244).

[39] Unter diesem Begriff ist die Beeinflussung, Überlagerung und Umformung der nationalstaatlichen Verwaltungsrechtsordnungen durch europäisches Rechtsdenken und Rechtshandeln zu verstehen; *Schmidt-Aßmann*, Ordnungsidee (Fn. 8), S. 29. Dabei sind sowohl Änderungen nationaler Rechtsanschauungen als auch nationaler Rechtsstrukturen und -inhalte umfasst; vgl. *Schmidt-Aßmann* (Fn. 26), DVBl. 1997, 281 (283); *Scherzberg*, Die Öffentlichkeit der Verwaltung, 2000, S. 208.

[40] *Kadelbach*, Gemeinschaftsrecht und (vorläufiger) verwaltungsgerichtlicher Rechtsschutz, KritV 1999, 378 (379).

Gemeinschaftsorgane[41]. Als Grundsatz gilt der sog. indirekte Vollzug von EG-Recht[42]. Rechtsschutz gegen Maßnahmen nationaler Behörden ist indes bei nationalen Gerichten zu begehren. Diese werden nach Maßgabe nationalen Prozessrechts tätig, fungieren jedoch – wie noch zu zeigen sein wird[43] – als Gemeinschaftsgerichte (im funktionalen Sinne)[44].

• Die stetige Erweiterung der Kompetenzen der EG hat zu einer ausgreifenden Rechtsetzungstätigkeit der Gemeinschaft geführt, die sich auf immer neue, früher der Regelungskompetenz der Mitgliedstaaten zugeordnete Gebiete erstreckt[45]. Die Europäisierung des materiellen Rechts bewirkt indirekt eine weitreichende und tiefgreifende Europäisierung auch der Verwaltungsgerichtsbarkeit[46].

Führt man beide Entwicklungslinien zusammen, wird ein Konfliktpotential sichtbar, das in der Analyse nicht beschönigt werden darf[47]: Materielle Rechtsposition und verfahrensrechtliche Durchsetzung entstammen unterschiedlichen Rechtssystemen. Das nationale Verwaltungsverfahrensrecht und das nationale Prozessrecht können gegenüber dem materiellen Gemeinschaftsrecht begrenzend wirken. Andererseits sind nationale Behörden und Gerichte jedoch verpflichtet, Rechtsschutz zur Durchsetzung gemeinschaftsrechtlicher Rechtspositionen zu gewähren[48]. Dass diese Spannungslage im Regelfall zugun-

---

[41] Der dualistischen Vollzugsstruktur des Gemeinschaftsrechts entspricht die Zweigleisigkeit des Rechtsschutzes (europäische *und* nationale Gerichtsbarkeit); *Dörr*, in: Sodan/Ziekow (Fn. 35), EVR Rn. 353 f.

[42] Einzelheiten dazu bei *Suerbaum*, Die Kompetenzverteilung beim Verwaltungsvollzug des Europäischen Gemeinschaftsrechts in Deutschland, 1998, S. 116 f.; *Potacs*, Die Europäische Union und die Gerichtsbarkeit öffentlichen Rechts, 14. ÖJT Band I/1, 2000, S. 9 ff.

[43] Vgl. dazu unten B. III. 1. a).

[44] *Burgi*, Verwaltungsprozess und Europarecht, 1996, S. 58 f.

[45] Vgl. – exemplarisch – zum Kompetenzzuwachs der EG vor allem im Wirtschaftsrecht *Brenner*, Der Gestaltungsauftrag der Verwaltung in der Europäischen Union, 1996, S. 77 ff.; ferner zum Umweltrecht *Schoch*, Grundfragen der Umweltverträglichkeitsprüfung, in: Leipold (Hrsg.), Umweltschutz und Recht, 2000, S. 69 ff.

[46] Hinzu tritt eine faktische, durch freiwillige rechtsvergleichende Reflexion stattfindende Europäisierung; *Schwarze* (Fn. 35), NVwZ 2000, 241 (245).

[47] Vgl. dazu *Jarass*, Konflikte zwischen EG-Recht und nationalem Recht vor den Gerichten der Mitgliedstaaten, DVBl. 1995, 954 ff.

[48] *Stern*, Die Einwirkungen des europäischen Gemeinschaftsrechts auf die Verwaltungsgerichtsbarkeit, JuS 1998, 769.

sten des EG-Rechts aufgelöst werden muss, wird durch dessen Superiorität gegenüber dem nationalen Recht sichergestellt[49].

B. Europäisierung der nationalen Verwaltungsrechtsordnung durch verwaltungsgerichtlichen Rechtsschutz

I. Europäisierung der nationalen Rechtsordnung als Kooperationsprozess

Damit sind die Überlegungen an einem Punkt angelangt, der eine neue Perspektive eröffnet: Nach der Vollendung der Aufbauphase steht das Öffentliche Recht in Deutschland, wie unlängst herausgearbeitet worden ist, am Beginn einer zweiten Phase seiner Entwicklung, die durch die Europäisierung gekennzeichnet ist[50]. Dabei kommt der Verwaltungsgerichtsbarkeit eine Schlüsselstellung zu. Denn die äußeren Vorgänge der Europäisierung – unmittelbar wirksame Gemeinschaftsgesetzgebung in Verordnungsform, gesetzgeberische Umsetzung von EG-Richtlinien in innerstaatliches Recht – müssen von einer systemgeleiteten Rezeption und Verarbeitung innerhalb der gewachsenen Rechtsstrukturen begleitet werden. In der Praxis ist dies eine vordringliche Aufgabe der Rechtsprechung. Eigene Erkenntnis des Europäisierungsprozesses sowie seine kritisch reflektierte Akzeptanz in der Richterschaft sind wesentliche Voraussetzungen für ein Gelingen des Transformationsprozesses.

Im übrigen bedarf es der Kooperation zwischen nationaler und europäischer Gerichtsbarkeit[51]. Das Vorabentscheidungsverfahren nach Art. 234 EGV[52] kann bei funktionaler Betrachtung durchaus als Instrument begriffen werden, um das erwähnte Spannungsverhältnis zwischen dem Konzept einer einheitlichen Wirksamkeit des materiellen

---

[49] Deutlich dazu *Classen*, Strukturunterschiede zwischen deutschem und europäischem Verwaltungsrecht, NJW 1995, 2457 (2463): „Eine europäische Rechtsordnung, die den Strukturkonflikt meidet, wäre nur der Schatten ihrer selbst."

[50] *Wahl*, Die zweite Phase des Öffentlichen Rechts in Deutschland – Die Europäisierung des Öffentlichen Rechts, Der Staat 38 (1999), 495 ff.

[51] Für die Verfassungsgerichtsbarkeit ist dies anerkannt; zuletzt dazu *Odendahl*, Das „Kooperationsverhältnis" zwischen BVerfG und EuGH in Grundrechtsfragen, JA 2000, 219 ff.

[52] Jüngst dazu *Wägenbaur*, Stolpersteine des Vorabentscheidungsverfahrens, EuZW 2000, 37 ff.

Gemeinschaftsrechts und der mitunter widerstreitenden dezentralen Vollzugs- und Rechtsschutzstruktur des Gemeinschaftsverwaltungsrechts[53] abzubauen und eine Koordinierung der Rechtsprechung der mitgliedstaatlichen Gerichte zu erreichen[54]. Denn da die EG eine Rechtsgemeinschaft ist[55] und die zunehmende Verzahnung von Gemeinschaftsrecht und nationalem Recht zur Entwicklung einer Europäischen Rechtsordnung führen wird[56], ist eine auf Konvergenz zielende Strategie letztlich unabdingbar. Dabei muss der nationale Richter wissen, dass die dem EuGH zugewiesene Kompetenz zur Wahrung des Rechts bei der Auslegung und Anwendung des Gemeinschaftsrechts (Art. 220 EGV) nicht etwa mit einem Auslegungsmonopol des EuGH in Bezug auf das Gemeinschaftsrecht verwechselt werden darf[57].

II. Funktionslogik des EG-Rechts: Elemente zur Sicherung seiner Superiorität

Um das Einwirkungspotential des Gemeinschaftsrechts auf das nationale Recht (materielles Recht, Verwaltungsverfahrensrecht, Verwaltungsprozessrecht) erfassen zu können, muss man sich der spezifischen Funktionslogik des EG-Rechts vergewissern. Diese ist durch Strukturelemente gekennzeichnet, die seine Superiorität gegenüber dem nationalen Recht sichern. Zu unterscheiden ist zwischen bestimmten *Mechanismen* der Europäisierung, signifikanten *Eigenrationalitäten* des EG-Rechts und rechtlich vorgegebenen *Grundbedingungen* der Europäisierung, die das erwähnte Spannungsverhältnis zum nationalen Recht umreißen. Da ich mich an anderer Stelle mit diesem Problemkreis intensiv auseinandergesetzt habe[58], mögen hier einige wenige Bemerkungen genügen, um die angesprochenen rechtlichen Phänomene in Erinnerung zu rufen.

---

[53] Zur Begriffsbestimmung sowie zur Abgrenzung gegenüber dem EG-Eigenverwaltungsrecht und dem Verwaltungskooperationsrecht *Schmidt-Aßmann*, Ordnungsidee (Fn. 8), S. 29 f. und 315 ff.

[54] *Dörr*, in: Sodan/Ziekow (Fn. 35), EVR Rn. 218.

[55] EuGH, Slg. 1986, 1339 – Tz. 23; Hallstein, Die Europäische Gemeinschaft, 5. Aufl. 1979, S. 53.

[56] *Rodríguez Iglesias*, Gedanken zum Entstehen einer Europäischen Rechtsordnung, NJW 1999, 1 ff.

[57] *Dörr*, in: Sodan/Ziekow (Fn. 35), EVR Rn. 23, 218, 220.

[58] *Schoch*, Europäisierung der Verwaltungsrechtsordnung, VBlBW 1999, 241 ff.

1. Mechanismen der Europäisierung

Die Mechanismen zur Europäisierung der nationalen Rechtsordnung werden durch diejenigen geschriebenen oder ungeschriebenen Rechtsinstitute repräsentiert, die im Sinne grundsätzlich nicht zu durchbrechender Regeln gelten, also an sich keine Ausnahmen dulden. Ich nenne hierfür drei Beispiele:

a) Vorrang des Gemeinschaftsrechts

Rechtsakten des Gemeinschaftsrechts kommt für den Fall des Widerspruchs zu innerstaatlichem Recht vor deutschen Behörden und Gerichten ein Anwendungsvorrang zu[59]. Gelöst werden damit Fälle sog. direkter Kollision zwischen Gemeinschaftsrecht und nationalem Recht[60]. Der EuGH hat unlängst bekräftigt, dass jeder im Rahmen seiner Zuständigkeit angerufene staatliche Richter verpflichtet ist, das Gemeinschaftsrecht uneingeschränkt anzuwenden und die Rechte, die es dem Einzelnen verleiht, zu schützen, indem er jede dem EG-Recht möglicherweise zuwiderlaufende Bestimmung des nationalen Rechts, gleichgültig, ob sie früher oder später als die Gemeinschaftsrechtsnorm ergangen ist, unangewendet lässt[61].
Das Bundesverfassungsgericht hat diesen Anwendungsvorrang auf eine ungeschriebene Norm des primären Gemeinschaftsrechts zurückgeführt[62]. Im Vertrag von Amsterdam findet diese Norm nun ihre ausdrückliche Anerkennung[63]. Grenzen des Anwendungsvorrangs sind

---

[59] *von Danwitz*, Verwaltungsrechtliches System und Europäische Integration, 1996, S. 109 ff.; *Öhlinger/Potacs*, Gemeinschaftsrecht und staatliches Recht – Die Anwendung des Europarechts im innerstaatlichen Bereich, 1998, S. 84 ff.; *Kadelbach*, Allgemeines Verwaltungsrecht unter europäischem Einfluss, 1999, S. 54 ff.; *Potacs*, Europäische Union und Gerichtsbarkeit (Fn. 42), S. 31 ff.
[60] Einzelheiten dazu bei *Kadelbach*, Verwaltungsrecht (Fn. 59), S. 27 ff.
[61] EuGH, Slg. 1978, 629 – Tz. 21 und 24; EuGH, Slg. I 1993, 4287 – Tz. 9; EuGH, Slg. I 1998, 937 – Tz. 30; EuGH, Slg. I 1998, 6307 = JZ 1999, 196 (m. Anm. *von Danwitz*) – Tz. 20.
[62] BVerfGE 75, 223 (244); 85, 191 (204). Demgegenüber methodisch korrekt *Ladeur* (Fn. 27), KritV 1996, 77 (89): Rechtsfortbildung durch den EuGH.
[63] Nr. 2 des Protokolls über die Anwendung der Grundsätze der Subsidiarität und Verhältnismäßigkeit: „Die Grundsätze der Subsidiarität und der Verhältnismäßigkeit werden unter Beachtung der allgemeinen Bestimmungen und der Ziele des Vertrags angewandt, insbesondere unter voller Wahrung des gemeinschaftlichen Besitzstandes und des institutionellen Gleichgewichts; dabei werden die vom Gerichtshof aufgestellten Grundsätze für das Verhältnis zwischen einzelstaatlichem Recht und Gemeinschaftsrecht nicht berührt, und Artikel F Absatz 4 des Vertrags über die Europäische Union, wonach sich die Uni-

nach deutschem Verfassungsrecht allemal die Kompetenzmäßigkeit des EG-Rechtsaktes[64] und – was allerdings umstritten ist – grundrechtliche Mindeststandards[65].

b) Äquivalenzgrundsatz und Effektivitätsgebot

Unmittelbar aus dem EG-Vertrag (Art. 5 a. F., Art. 10 n. F.) hatte der EuGH das Diskriminierungsverbot und das Vereitelungsverbot hergeleitet. Neuerdings spricht der EuGH von „Äquivalenzgrundsatz" und „Effektivitätsgrundsatz"[66]. Danach dürfen zum einen bei der Anwendung nationalen Verfahrensrechts zur Durchführung von Gemeinschaftsrecht keine Unterschiede zu Verfahren gemacht werden, in denen über gleichartige, rein nationale Sachverhalte entschieden wird[67]. Zum anderen darf die Anwendung nationalen Rechts in Vollzug des Gemeinschaftsrechts nicht dazu führen, dass die Ausübung der durch die Gemeinschaftsrechtsordnung verliehenen Rechte praktisch unmöglich oder übermäßig erschwert wird[68]. Beide Regeln finden ihre Anwendung vor allem bei sog. indirekten Kollisionen zwischen Gemeinschaftsrecht und nationalem Recht[69].

Bemerkenswert ist in dem Zusammenhang, dass der EuGH das frühere Vereitelungsverbot zu einem Effektivitätsgebot im Sinne eines Koordinierungsinstruments mit positiven Ausgestaltungsbedingungen für das nationale Verfahrensrecht umgemünzt hat[70]. Damit wird der ef-

---

on mit den Mitteln ausstattet, ‚die zum Erreichen ihrer Ziele und zur Durchführung ihrer Politiken erforderlich sind', sollte Rechnung getragen werden."

[64] Vgl. i. e. *Schilling*, Zu den Grenzen des Vorrangs des Gemeinschaftsrechts, Der Staat 33 (1994), 555 ff.; *von Danwitz*, Verwaltungsrechtliches System (Fn. 59), S. 109 ff.; *Dörr*, in: Sodan/Ziekow (Fn. 35), EVR Rn. 399 ff.

[65] Nachweise hierzu und Benennung möglicher Konfliktfelder bei *Schoch* (Fn. 58), VBlBW 1999, 241 (243); zu Defiziten beim Grundrechtsschutz in der Rechtsprechung des EuGH *Caspar*, Nationale Grundrechtsgarantien und sekundäres Gemeinschaftsrecht, DÖV 2000, 349 ff.

[66] EuGH, Slg. I 1998, 4951 = DVBl. 1999, 30 = NJW 1999, 129 – Tz. 35 f.; EuGH, Slg. I 1998, 7141 = DVBl. 1999, 384 – Tz. 19 f.; EuGH, Slg. I 1999, 579 = EuZW 1999, 313 – Tz. 26 f.

[67] EuGH, Slg. 1982, 1449 – Tz. 6; EuGH, Slg. 1983, 3595 – Tz. 12; EuGH, Slg. 1988, 355 – Tz. 18; EuGH, Slg. I 1995, 1883 – Tz. 41. – Einzelheiten dazu bei *Potacs*, Europäische Union und Gerichtsbarkeit (Fn. 42), S. 17 ff.

[68] EuGH, Slg. I 1995, 4599 – Tz. 12; EuGH, Slg. I 1995, 4705 – Tz. 17; EuGH, Slg. I 1997, 6783 – Tz. 47; EuGH, Slg. I 1998, 4951 – Tz. 19.

[69] *Kadelbach* (Fn. 40), KritV 1999, 378 (381).

[70] Nachzeichnung der Rechtsprechungsentwicklung bei *von Danwitz*, Die Eigenverantwortung der Mitgliedstaaten für die Durchführung von Gemeinschaftsrecht, DVBl. 1998, 421 (423 ff.).

fet utile zu einem Instrument, mit dem der EuGH die gemeinschaftsrechtliche Determinierung des nationalen Verwaltungsverfahrens- und
Prozessrechts vorantreiben kann[71].

c) Gemeinschaftsrechtskonforme Auslegung

In methodischer Hinsicht erfährt der Anwendungsvorrang des EG-
Rechts eine besondere Ausprägung durch die gemeinschaftsrechtskon-
forme Auslegung des nationalen Rechts[72]. Von erheblicher praktischer
Bedeutung ist die richtlinienkonforme Auslegung, zu der die Verwaltungsrechtsprechung gerade in jüngster Zeit auf dem Gebiet des Umweltrechts bemerkenswerte Beispiele geliefert hat[73].
Insgesamt weisen die hier nur in äußerster Kürze skizzierten Mechanismen des Europäisierungsprozesses ein strukturelles Potential auf,
das die gesamte nationale Rechtsordnung zu erfassen vermag. Dass insbesondere der verwaltungsgerichtliche Rechtsschutz davon nicht unberührt bleiben kann, liegt auf der Hand.

2. Eigenrationalitäten des EG-Rechts

Von nicht minder großer Bedeutung sind in unserem Zusammenhang bestimmte Eigenrationalitäten des EG-Rechts, die sich dem deutschen Rechtsdenken nicht ohne weiteres erschließen. Von den vorzu-
findenden Erscheinungsformen nenne ich hier ebenfalls drei Beispiele:

a) Finalstruktur des EG-Rechts

In seiner Grundanlage ist das EG-Recht in signifikanter Weise durch
seine Finalstruktur gekennzeichnet[74]. Das gilt auch für die Ausgestaltung der Kompetenznormen des Gemeinschaftsrechts. Damit jedoch

---

[71] Einzelheiten dazu bei *Tonne*, Effektiver Rechtsschutz (Fn. 35), S. 191 ff.,
283 ff.
[72] *Brenner*, Gestaltungsauftrag der Verwaltung in der EU (Fn. 45), S. 92 f.;
Anweiler, Die Auslegungsmethoden des Gerichtshofs der Europäischen Gemeinschaften, 1997, S. 74 ff.
[73] BVerwGE 102, 282 = DVBl. 1997, 438 (m. Bespr. *Röger* S. 885) = JZ 1998,
243 (m. Anm. *Hendler*): Betätigung des Auswahlermessens bei der Erfüllung
des Anspruchs auf Umweltinformation; VG Braunschweig, NVwZ-RR 1998,
413: restriktive Kostenerhebung für Auskünfte nach dem Umweltinformati-
onsgesetz; VGH BW, NVwZ 1998, 987: enge Auslegung von Ausnahmetatbe-
ständen im Umweltinformationsrecht; dazu auch EuGH, Slg. I 1998, 3809.
[74] Einzelheiten zur Finalprogrammierung der Gemeinschaftskompetenzen
bei *von Danwitz*, Verwaltungsrechtliches System (Fn. 59), S. 432 ff.

steht das in der Theorie anerkannte Prinzip der begrenzten Ermächtigung[75] in der Praxis bisweilen auf eher tönernen Füßen. Denn man muss sehen, dass die finale Programmierung des EG-Rechts zu einer dynamischen Auslegung der Kompetenzvorschriften durch die Gemeinschaftsorgane führt[76].

Die dem deutschen Juristen vertrauten Kategorien „Gesetzesauslegung – Rechtsfortbildung – Rechtsschöpfung" verlieren an Trennschärfe. Nimmt man schließlich hinzu, dass dem Telos der EG insgesamt eine maßgebliche Legitimation für die Rechtsfortbildung durch den EuGH attestiert wird[77], wird ohne weiteres deutlich, dass materiellrechtliche Agenden des Gemeinschaftsrechts den Ansatz für die fortschreitende Europäisierung des Verwaltungsverfahrens- und Prozessrechts liefern, obwohl insoweit eine allgemeine Gemeinschaftskompetenz gerade nicht besteht[78].

b) Klagerechte als Element dezentraler Verwaltungskontrolle

Auf der anderen Seite gilt der Einzelne seit jeher als „Hüter des Gemeinschaftsrechts". Er ist unverzichtbares Funktionselement der sog. dezentralen Verwaltungskontrolle[79]. Von daher ist das Gemeinschaftsrecht, soweit es auf das Individuum anwendbar ist, nicht nur auf den Schutz individueller Interessen gerichtet, es ist vielmehr auch bestrebt, den Einzelnen in den Dienst seiner effektiven Durchsetzung zu stellen[80]. Der Geltungsanspruch des Gemeinschaftsrechts wird auf diese Weise mitverwirklicht. Es liegt auf der Hand, dass diese Eigenrationali-

---

[75] Ausdrücklich anerkannt von EuGH, Slg. I 1996, 1759 – Tz. 23 ff.; nachdrücklich betont von BVerfGE 89, 155 (192 ff., 209 ff.) und BVerfGE 92, 203 (241 f.).

[76] *Öhlinger/Potacs*, Gemeinschaftsrecht und staatliches Recht (Fn. 59), S. 32; *Schroeder*, Zu eingebildeten und realen Gefahren durch kompetenzübergreifende Rechtsakte der Europäischen Gemeinschaft, EuR 1999, 452 (456).

[77] *Everling*, Richterliche Rechtsfortbildung in der Europäischen Gemeinschaft, JZ 2000, 217 (223 f.).

[78] Vgl. oben Text zu und in Fn. 36 bis 38.

[79] Dies gilt seit der grundlegenden Entscheidung in der Rechtssache „Plaumann", EuGH, Slg. 1963, 1. – Plastisch *Everling*, Durchführung und Umsetzung des Europäischen Gemeinschaftsrechts im Bereich des Umweltschutzes unter Berücksichtigung der Rechtsprechung des EuGH, NVwZ 1993, 209 (215): „roter Faden" in der Rechtsprechung des EuGH; ausführlich *Masing*, Die Mobilisierung des Bürgers für die Durchsetzung des Rechts – Europäische Impulse für eine Revision der Lehre vom subjektiv-öffentlichen Recht, 1997, S. 42 ff., 50 ff.

[80] *Kokott*, Europäisierung des Verwaltungsprozessrechts, Die Verwaltung 31 (1998), 335 (353); *Kadelbach* (Fn. 40), KritV 1999, 378 (391).

tät des EG-Rechts eine Ausweitung von Klageberechtigungen vor nationalen Gerichten bedingt, aber auch verlangt[81].

c) Postulat der Kohärenz

In seiner systematischen Breitenwirkung bislang noch nicht so recht zur Kenntnis genommen ist das vom EuGH in jüngerer Zeit mit Nachdruck postulierte Prinzip eines kohärenten Rechtsschutzsystems innerhalb der EU. Die einheitliche Anwendung des Gemeinschaftsrechts gilt als eines der Grunderfordernisse der Gemeinschaftsrechtsordnung[82]. Die Verknüpfung dieses Kohärenz-Postulats mit dem Effektivitätsgebot erklärt beispielsweise, wieso das „deutsche Unikat" der kraft Gesetzes eintretenden aufschiebenden Wirkung (§ 80 Abs. 1 VwGO) außer Anwendung gerät und warum die Maßstäbe für die Gewährung gerichtlichen vorläufigen Rechtsschutzes sowohl im Aussetzungsverfahren als auch im einstweiligen Anordnungsverfahren einer europarechtlichen Vereinheitlichung unterzogen worden sind[83].

Insgesamt sind es diese Eigenrationalitäten des EG-Rechts, die dem deutschen Rechtsanwender vielfach Schwierigkeiten bereiten. Insbesondere die Rechtsprechung ist jedoch gut beraten, sich hiermit auseinanderzusetzen, weil ansonsten vermeidbare Konfliktlagen drohen.

3. Grundbedingungen der Europäisierung

Um die wesentlichen Elemente der Funktionslogik des EG-Rechts in das Bewusstsein zu heben, muss schließlich auf zwei Grundbedingungen des Europäisierungsprozesses hingewiesen werden, die zu dem erwähnten Spannungspotential zwischen Gemeinschaftsrecht und nationalem Verfahrensrecht zurückführen. Angesprochen sind der Grundsatz der Verfahrensautonomie der EG-Mitgliedstaaten sowie die unmittelbare Wirkung des Gemeinschaftsrechts.

a) Verfahrensautonomie der Mitgliedstaaten

Der Grundsatz des indirekten Vollzugs des Gemeinschaftsrechts hat zur Folge, dass das mitgliedstaatliche Verfahrensrecht als Vollzugs- und Kontrollinstrument für das Gemeinschaftsrecht zur Anwendung ge-

---

[81] Vgl. dazu unten B. III. 2. b) aa).
[82] *Schroeder* (Fn. 76), EuR 1999, 452 (453).
[83] *Stern* (Fn. 48), JuS 1998, 769 (775, 776). – Zur Kritik vgl. unten B. III. 3. b) bb).

langt. Hierfür hat sich der Begriff von der institutionellen und verfah-
rensmäßigen Autonomie der Mitgliedstaaten etabliert[84]. In Bezug auf
den nach Maßgabe des nationalen Prozessrechts zu gewährenden
Rechtsschutz gegenüber Maßnahmen der Verwaltung in Vollzug des
EG-Rechts betont der EuGH den Grundsatz der mitgliedstaatlichen
Autonomie in ständiger Rechtsprechung bis in die jüngste Vergangenheit. Die Bestimmung der zuständigen Gerichte und die Ausgestaltung
von gerichtlichen Verfahren, die den Schutz der dem Bürger aus dem
Gemeinschaftsrecht erwachsenden Rechte gewährleisten sollen, seien
mangels einer gemeinschaftsrechtlichen Regelung dieses Bereichs Sache
der innerstaatlichen Rechtsordnung der einzelnen Mitgliedstaaten[85].

Von mindestens ebenso großer Bedeutung wie dieser Grundsatz der
Verfahrensautonomie der Mitgliedstaaten sind seine Grenzen. Hierfür
nennt der EuGH den Äquivalenzgrundsatz (Diskriminierungsverbot,
Grundsatz der Gleichwertigkeit) und das Effektivitätsgebot[86]. Danach
dürfen die im innerstaatlichen Recht vorgesehenen Verfahren nicht un-
günstiger gestaltet sein als bei entsprechenden Klagen, die das inner-
staatliche Recht betreffen, und sie dürfen die Ausübung der durch die
Gemeinschaftsrechtsordnung verliehenen Rechte nicht praktisch unmöglich machen oder übermäßig erschweren[87]. Jüngst sind der Äquivalenzgrundsatz und das Effektivitätsgebot als „Einfallstore" für die
verfahrensrechtliche Autonomie der Mitgliedstaaten bezeichnet worden; der Autonomie-Grundsatz müsse gegenüber einem Trend zur
schleichenden verwaltungsmäßigen Zentralisierung zur Geltung ge-
bracht werden[88]. Dies deutet an, dass zwischen Theorie und Praxis eine
gewisse Diskrepanz besteht[89].

---

[84] *Rodríguez Iglesias*, Zu den Grenzen der verfahrensrechtlichen Autonomie der Mitgliedstaaten bei der Anwendung des Gemeinschaftsrechts, EuGRZ
1997, 289; ausführlich *Kadelbach*, Verwaltungsrecht (Fn. 59), S. 110 ff.; *Potacs*,
Europäische Union und Gerichtsbarkeit (Fn. 42), S. 13 ff.

[85] EuGH, Slg. I 1998, 7141 = DVBl. 1999, 384 – Tz. 18; EuGH, Slg. I 1999,
223 = EuZW 1999, 503 – Tz. 32; EuGH, Slg. I 1999, 579 = EuZW 1999, 313 –
Tz. 25.

[86] Vgl. Nachw. Fn. 85. – Zur Bedeutung der Prinzipien oben B. II. 1. b).

[87] Vgl. Nachw. Fn. 85.

[88] *Schwarze* (Fn. 35), NVwZ 2000, 241 (246).

[89] *Kadelbach* (Fn. 40), KritV 1999, 378 (399), bezweifelt angesichts der bestehenden Realität, ob von einer verfahrensrechtlichen Autonomie der Mitgliedstaaten noch die Rede sein kann.

b) Unmittelbare Wirkung des EG-Rechts

Die unmittelbare Wirkung – synonym: unmittelbare Anwendbarkeit – des Gemeinschaftsrechts im nationalen Rechtskreis zählt mittlerweile zu den juristischen Selbstverständlichkeiten[90]. Beachtung verdient aber nach wie vor die – vom EuGH gegen den Vertragswortlaut (Art. 249 Abs. 3 EGV) durchgesetzte[91] – unmittelbare Wirkung von Richtlinien zugunsten des Gemeinschaftsbürgers[92]. Dies deshalb, weil sich die Rechtsprechung des EuGH nicht mehr damit begnügt, bei nicht (recht-zeitig) erfolgter oder unzureichender Umsetzung einer Richtlinie im nationalen Recht mit dem sog. Sekundärrechtsschutz (Staatshaftung) zu reagieren[93], sondern es zulässt, dass sich ein Marktbürger sogar in wettbewerblichen Konkurrentensituationen vor einem nationalen Gericht unmittelbar auf eine Richtlinie beruft[94]. Hier deuten sich Verbindungslinien zum modifizierten Verständnis des subjektiven Rechts und der Klagebefugnis an.

---

[90] Vgl. zur „Frühphase" der Fragestellung EuGH, Slg. 1963, 25 = NJW 1963, 974; BVerfGE 22, 293 = NJW 1968, 348; zum aktuellen Stand der Doktrin *Öhlinger/Potacs*, Gemeinschaftsrecht und staatliches Recht (Fn. 59), S. 62 ff.; *Kadelbach*, Verwaltungsrecht (Fn. 59), S. 57 ff.

[91] Kritik dazu bei *Raschauer*, Von der Verwaltungsverträglichkeit der Rechtsdogmatik, in: Festschrift für Leisner, 1999, S. 897 (906): „Es liegt in der Zwecksetzung von Richtlinien, dass sie an die Mitgliedstaaten adressiert sind und dementsprechend *ex definitione* niemals subjektive Rechte einzelner Bürger begründen können."

[92] EuGH, Slg. 1982, 53 = NJW 1982, 499 – Tz. 27; EuGH, Slg. 1989, 1839 = NVwZ 1990, 649 – Tz. 29; EuGH, Slg. I 1994, 483 = NVwZ 1994, 885 – Tz. 8 ff.; EuGH, Slg. I 1995, 2189 = NVwZ 1996, 369 – Tz. 37 ff.; EuGH, Slg. I 1996, 4373 = EuZW 1997, 126 – Tz. 17; EuGH, EuZW 1999, 476 – Tz. 21. – Keine unmittelbare Wirkung wird Richtlinien zu Lasten eines Bürgers zuerkannt (EuGH, Slg. I 1996, 4705 = EuZW 1997, 318 – Tz. 37; EuGH, Slg. I 1996, 6609 = EuZW 1997, 507 – Tz. 24), und auch eine horizontale Drittwirkung unmittelbar im Verhältnis der Gemeinschaftsbürger untereinander wird abgelehnt (EuGH, Slg. I 1994, 3325 = NJW 1994, 2473 – Tz. 24 ff.; EuGH, Slg. I 1998, 4799 = NJW 1998, 3185 – Tz. 36).

[93] Vgl. – stellvertretend – EuGH, Slg. I 1998, 2957 – Tz. 18 ff.

[94] EuGH, BayVBl. 2000, 145 – Tz. 36 f. – Zu (noch) weitergehenden Überlegungen *Musil*, Richtlinienumsetzung und Normerlassanspruch, EuR 1998, 705 ff.

III. Wirkungen des Gemeinschaftsrechts
auf den verwaltungsgerichtlichen Rechtsschutz

Vor diesem europarechtlichen Hintergrund sind nun die Wirkungen des Gemeinschaftsrechts auf den nationalen verwaltungsgerichtlichen Rechtsschutz genauer zu analysieren. Systematisch zeigen sich die im nationalen Recht feststellbaren Einwirkungen als „Instrumentalisierung", „Umorientierung" und „Umstrukturierung"[95]:

- *Instrumentalisierung* (in einem strukturellen Sinn verstanden) meint die Inpflichtnahme des nationalen Verfahrensrechts für Zwecke der Durchsetzung des Gemeinschaftsrechts.
- *Umorientierung* zielt (ebenfalls zur Verwirklichung des EG-Rechts) auf materielle Veränderungen im nationalen Recht durch Vermittlung neuer Inhalte seitens des Gemeinschaftsrechts.
- *Umstrukturierung* beschreibt die Intention des Gemeinschaftsrechts, zu seiner wirksamen Durchsetzung Strukturveränderungen im nationalen Recht durchzusetzen, die auf nachhaltige Widerstände stoßen (können oder sogar müssen).

1. Instrumentalisierung des nationalen Verfahrensrechts
zur Durchsetzung des Gemeinschaftsrechts

a) Nationale Gerichte als Gemeinschaftsgerichte

Die Instrumentalisierung des nationalen Verfahrensrechts zur Durchsetzung des Gemeinschaftsrechts liegt gleichsam in der Natur der Sache. Das Modell des indirekten Verwaltungsvollzugs lebt geradezu davon, dass sich nationale Behörden und Gerichte in den Dienst des Gemeinschaftsrechts stellen. Die nationalen Vorschriften des behördlichen und gerichtlichen Verfahrensrechts übernehmen eine Art „Transportfunktion" zur einheitlichen und wirksamen Durchsetzung des Gemeinschaftsrechts[96]. Andernfalls wäre sein Geltungsanspruch in der Lebenswirklichkeit weitgehend obsolet.

---

[95] *Schmidt-Aßmann* (Fn. 30), VBlBW 2000, 45 (49). – Zu den damit verbundenen Rezeptionsanforderungen an das nationale Recht ausführlich *Schoch*, Die europäische Perspektive des Verwaltungsverfahrens- und Verwaltungsprozessrechts, in: Schmidt-Aßmann/Hoffmann-Riem (Hrsg.), Strukturen des Europäischen Verwaltungsrechts, 1999, S. 279 (302 ff.).

[96] So *Hirsch*, Europarechtliche Perspektiven der Verwaltungsgerichtsbarkeit, VBlBW 2000, 71 (75).

Hier zeigt sich, dass die an das Gemeinschaftsrecht gebundenen nationalen Gerichte funktional als Gemeinschaftsgerichte handeln[97]. Denn aus der Sicht des EG-Rechts kommt den nationalen Gerichten zuvörderst die Aufgabe zu, sicherzustellen, dass das Gemeinschaftsrecht in den Mitgliedstaaten angewendet und beachtet wird[98]. Von daher gesehen wächst auch der Verwaltungsgerichtsbarkeit die Pflicht zu, für die Durchsetzung des Gemeinschaftsrechts zu sorgen.

b) Rezeptionsfähigkeit des nationalen Verwaltungsprozessrechts

Diese Aufgabe ist seitens der Verwaltungsgerichtsbarkeit um so reibungsloser zu erfüllen, je größer die Rezeptionsfähigkeit des nationalen Verwaltungsprozessrechts ist. Diese hängt in erster Linie von den Interpretationsspielräumen ab, die das nationale Recht belässt, um die europarechtskonforme Auslegung zur Geltung bringen zu können. Ich nenne dafür vier Beispiele: die Klagebefugnis, den Prüfungsmaßstab im Anfechtungsprozess, die sofortige Vollziehbarkeitsanordnung im vorläufigen Rechtsschutz und die Ausrichtung der prinzipalen Normenkontrolle auf das EG-Recht.

aa) Klagebefugnis

Ein Musterbeispiel für die Instrumentalisierung des nationalen Verwaltungsprozessrechts zur Durchsetzung des Gemeinschaftsrechts ist die europarechtliche Ausrichtung der *Klagebefugnis* (§ 42 Abs. 2 VwGO)[99]. Subjektive Rechte, auf die sich der Kläger berufen können muss, bringt auch das Gemeinschaftsrecht hervor[100]. In zwei Fallkon-

---

[97] Vgl. bereits oben zu Fn. 44; ferner *Burgi*, Deutsche Verwaltungsgerichte als Gemeinschaftsrechtsgerichte, DVBl. 1995, 772 ff.; *Hirsch*, Kompetenzverteilung zwischen EuGH und nationaler Gerichtsbarkeit, NVwZ 1998, 907 (910); *Dörr*, in: Sodan/Ziekow (Fn. 35), EVR Rn. 409.

[98] *Kadelbach* (Fn. 40), KritV 1999, 378 (380).

[99] Dazu – mit unterschiedlichen Akzentuierungen – *von Danwitz*, Zur Grundlegung einer Theorie der subjektiv-öffentlichen Gemeinschaftsrechte, DÖV 1996, 481 ff.; *Triantafyllou*, Zur Europäisierung des subjektiven öffentlichen Rechts, DÖV 1997, 192 ff.; *Ruthig*, Transformiertes Gemeinschaftsrecht und die Klagebefugnis des § 42 Abs. 2 VwGO, BayVBl. 1997, 289 ff.; *Classen*, Der einzelne als Instrument zur Durchsetzung des Gemeinschaftsrechts?, VerwArch. 88 (1997), 645 ff.; *Ruffert*, Dogmatik und Praxis des subjektiv-öffentlichen Rechts unter dem Einfluss des Gemeinschaftsrechts, DVBl. 1998, 69 ff.; *Halfmann*, Entwicklungen des Verwaltungsrechtsschutzes in Deutschland, Frankreich und Europa, VerwArch. 91 (2000), 74 (86 ff.).

[100] *Stern* (Fn. 48), JuS 1998, 769 (770); *Kadelbach* (Fn. 40), KritV 1999, 378 (390).

stellationen führt die Anwendung der vertrauten deutschen Schutznormtheorie zu unproblematischen Ergebnissen:

- Verleiht das Gemeinschaftsrecht selbst dem Einzelnen Rechte (z. B.
  Grundfreiheiten des Primärrechts), sind diese innerstaatlich als subjektive Rechte bei den nationalen Gerichten durchsetzbar[101].
- Hat der deutsche Gesetzgeber eine auf die Einräumung klagefähiger
  Rechtspositionen gerichtete Richtlinie ordnungsgemäß umgesetzt,
  handelt es sich um ein innerstaatliches Rechtsanwendungsprob-
  lem[102]. Allenfalls kann sich, wie etwa das Beispiel des Umweltinfor-
  mationsanspruchs (§ 4 Abs. 1 UIG) zeigt, die Frage der richtlinien-
  konformen Auslegung stellen[103].

Diese und ähnliche Beispiele dokumentieren die erwähnte „Transportfunktion" des Verwaltungsprozessrechts[104] und bestätigen die Rolle
des nationalen Richters als Gemeinschaftsrichter[105].

bb) Prüfungsmaßstab im Anfechtungsprozess

Keine prinzipiellen Probleme entstehen ferner, wenn das Gemeinschaftsrecht den *Prüfungsmaßstab* im Verwaltungsprozess determi-
niert[106]. Dann hängt das Rechtmäßigkeits- oder Rechtswidrigkeitsurteil
über die in Vollzug des EG-Rechts ergangene Maßnahme der nationa-

---

[101] *Ehlers*, Die Europäisierung des Verwaltungsprozessrechts, 1999, S. 47 f. –
Instruktives Beispiel aus der Praxis EuGH, Slg. I 1997, 6990 = DVBl. 1998, 228
= EuZW 1998, 84 (m. Anm. *G. Meier*) – Tz. 30 ff. (gemeinschaftsrechtlicher
Anspruch auf polizeiliches Einschreiten gegen untätigen EG-Mitgliedstaat am
Beispiel der Plünderung von Lastwagen mit spanischem Obst und Gemüse
durch französische Bauern); dazu *Schwarze*, Zum Anspruch der Gemeinschaft
auf polizeiliches Einschreiten der Mitgliedstaaten bei Störungen des grenzüber-
schreitenden Warenverkehrs durch Private, EuR 1998, 53 ff.; *Szczekalla*,
Grundfreiheitliche Schutzpflichten – eine „neue" Funktion der Grundfreiheiten
des Gemeinschaftsrechts, DVBl. 1998, 219 ff.
[102] *Dörr*, in: Sodan/Ziekow (Fn. 35), EVR Rn. 45; *Halfmann* (Fn. 99), Verw-
Arch. 91 (2000), 74 (84).
[103] Vgl. dazu die Beispiele aus dem Umweltinformationsrecht oben Fn. 73. –
Zweifelhaft demgegenüber BVerwG, DVBl. 2000, 198 = UPR 2000, 118: Ausschluss des Anspruchs auf freien Zugang zu Umweltinformationen während eines Gerichtsverfahrens oder strafrechtlichen Ermittlungsverfahrens hinsichtlich
aller Daten, die Gegenstand des anhängigen Verfahrens sind. Andere Grund-
wertung hingegen bei BGH, NJW 2000, 1036: zulässige Berichterstattung der
Presse unter namentlicher Nennung des Betroffenen über ein strafrechtliches
Ermittlungsverfahren.
[104] S. o. zu Fn. 96.
[105] Vgl. Nachw. oben Fn. 97.
[106] Ausführlich dazu *Dörr*, in: Sodan/Ziekow (Fn. 35), EVR Rn. 410 ff.; ferner *Burgi* (Fn. 97), DVBl. 1995, 772 (776 ff.).

len Verwaltungsbehörde entscheidend von den Vorgaben des Gemeinschaftsrechts ab. Auch insoweit sind wiederum zwei Fallkonstellatio-
nen zu unterscheiden:

- Der entscheidungserhebliche Rechtssatz kann unmittelbar dem Gemeinschaftsrecht entstammen. Gehört die streitentscheidende Norm
  dem Sekundärrecht an, kann sich bei einem eventuellen Verstoß ge-
  gen höherrangiges Gemeinschaftsrecht die Gültigkeitsfrage stellen.
  Für die Klärung steht das Vorabentscheidungsverfahren (Art. 234
  EGV) zur Verfügung.
- Beim sog. indirekten mittelbaren Vollzug des EG-Rechts wenden
  nationale Verwaltungsbehörden nationales Verwaltungs(verfahrens)recht zur Ausführung von EG-Recht an bzw. müssen EG-
  Recht als Schranke ihres autonomen Handelns beachten. Für den
  Verwaltungsrichter ist in dieser Konstellation die streitentscheidende
  Norm dem nationalen Recht zu entnehmen. Ihre Vereinbarkeit mit
  dem Gemeinschaftsrecht wird im Falle der direkten Kollision über
  die Figur des Anwendungsvorrangs[107] gelöst; die häufigeren Fälle einer indirekten Kollision zwischen nationalem Recht und Gemeinschaftsrecht finden ihre Entscheidung vornehmlich unter Rückgriff
  auf den Äquivalenzgrundsatz und das Effektivitätsgebot[108]. Das Gemeinschaftsrecht setzt sich also letztlich durch.

Ein besonders prominentes Beispiel für den zuletzt genannten Fall
stellt die Rücknahme gemeinschaftsrechtswidrig erteilter nationaler
Subventionen dar. In der Rechtssache „Alcan II" hat der EuGH[109] gegenüber dem von der deutschen Verwaltungsrechtsprechung im Rahmen des § 48 VwVfG anerkannten Vertrauensschutz ein Rechtsdurch-
setzungsinteresse des EG-Rechts formuliert, das zu einer kompletten
europarechtlichen Durchdringung des § 48 VwVfG geführt hat und
von dessen inhaltlicher Substanz kaum etwas übrig lässt (Ausschluss
der Vermutung von Vertrauensschutz nach § 48 Abs. 2 S. 2 VwVfG;
Derogation der Rücknahmefrist gem. § 48 Abs. 4 S. 1 VwVfG; Aus-
schaltung des Rücknahmeermessens i. S. d. § 48 Abs. 1 S. 1 VwVfG;
ferner Ausschluss des Entreicherungseinwands nach § 49a Abs. 2

---

[107] Vgl. dazu oben B. II. 1. a).
[108] Vgl. dazu oben B. II. 1. b).
[109] EuGH, Slg. I 1997, 1591 = DVBl. 1997, 951 = DÖV 1998, 287 = NVwZ
1998, 45 (m. Bespr. *Happe* S. 26) = NJW 1998, 47 = JZ 1997, 722 (m. Anm. *Classen*) = EuZW 1997, 276 (m. Anm. *Hoenike*) = EuR 1997, 148 (m. Anm. *Ber-
risch*). – Vgl. auch die allgemeine Übersicht zum Gesamtkomplex von *Suerbaum*, Die Europäisierung des nationalen Verwaltungsverfahrensrechts am
Beispiel der Rückabwicklung gemeinschaftsrechtswidriger staatlicher Beihilfen,
VerwArch. 91 (2000), 169 ff.

VwVfG). Die Vorschrift ist im wesentlichen auf die Funktion reduziert worden, Gemeinschaftsrecht zu vollziehen.

In der Sache wird man dem EuGH kaum widersprechen können[110]. Hätten die deutschen Gerichte den Aspekt der Wettbewerbsverzerrung infolge der gemeinschaftsrechtswidrigen Subvention hinreichend gewürdigt[111] und den Aspekt des Vertrauensschutzes zugunsten des weltweit operierenden subventionsbegünstigten deutschen Unternehmens nicht zu hoch bewertet[112], hätte die vom BVerwG im Urteil vom 23. April 1998 akzeptierte[113] und vom BVerfG mit Beschluss vom 17. Februar 2000 bestätigte Lösung[114] früher (und wohl auch ohne Einschaltung des EuGH) gefunden werden können. Das Pikante an dem Vorgang liegt eher in der Kompetenzproblematik. Denn nach dem EG-Vertrag obliegt es ausdrücklich dem Rat, auf Vorschlag der Kommission und nach Anhörung des Europäischen Parlaments mit qualifizierter Mehrheit auf dem Gebiet des Beihilferechts verwaltungsverfahrensrechtliche Regelungen zu erlassen (Art. 94 EGV a. F. = Art. 89 EGV n. F.)[115]. Diese kompetenzrechtliche Aussage des EG-Vertrages wirft

---

[110] Überzogen die Kritik von *R. Scholz*, Zum Verhältnis von europäischem Gemeinschaftsrecht und nationalem Verwaltungsverfahrensrecht – Zur Rechtsprechung des EuGH im Fall „Alcan", DÖV 1998, 261 ff.; dazu seinerseits kritisch *Winkler*, Das „Alcan"-Urteil des EuGH – eine Katastrophe für den Rechtsstaat?, DÖV 1999, 148 ff.; ferner *Ehlers*, Die Vereinbarkeit der „Alcan"-Rechtsprechung des EuGH mit dem deutschen Verfassungsrecht, DZWir 1998, 491 ff.; *Huber*, „Beihilfen" (Art. 87, 88 EGV 1999) und Vertrauensschutz im Gemeinschaftsrecht und im nationalen Verwaltungsrecht, KritV 1999, 359 ff.

[111] Vgl. dazu *Fastenrath*, Die veränderte Stellung der Verwaltung und ihr Verhältnis zum Bürger unter dem Einfluss des Europäischen Gemeinschaftsrechts, Die Verwaltung 31 (1998), 277 (278 und 305), mit Hinweis auf die Möglichkeit eines kollusiven Zusammenwirkens zwischen Bürger und Staat zu Lasten des Gemeinschaftsrechts und anderer Marktbürger.

[112] Zur Notwendigkeit eines Überdenkens der deutschen Position in dieser Frage *Bullinger*, Vertrauensschutz im deutschen Verwaltungsrecht in historisch-kritischer Sicht, JZ 1999, 905 ff.

[113] BVerwGE 106, 328 = DVBl. 1999, 44 = NJW 1998, 3728 = EuZW 1998, 730.

[114] BVerfG, EuGRZ 2000, 175.

[115] *Hanf*, Der Vertrauensschutz bei der Rücknahme rechtswidriger Verwaltungsakte als neuer Prüfstein für das „Kooperationsverhältnis" zwischen EuGH und BVerfG, ZaöRV 59 (1999), 51 ff., arbeitet präzise heraus, dass die richterrechtliche Beschränkung der Verfahrensautonomie der Mitgliedstaaten die Frage nach den Grenzen der Gemeinschaftskompetenzen und insbesondere der Rechtsfortbildungskompetenzen des EuGH aufwirft. – Änderung der Rechtslage nun durch die Verordnung (EG) Nr. 659/1999 des Rates vom 22.03.1999 über besondere Vorschriften für die Anwendung von Artikel 93 des EG-Vertrages (ABl. EG Nr. L 83/1); erläuternd dazu *Kruse*, Bemerkungen zur

die Frage auf, ob es bis zur Kodifizierung des Verfahrens der Beihilfekontrolle im Grundsatz nicht mit der Verfahrensautonomie der Mitgliedstaaten sein Bewenden haben musste, so dass die Organkompetenz des EuGH für seine Vorgaben in „Alcan II" zweifelhaft war. Doch
der Kompetenzfrage sind BVerwG und BVerfG in ihren Entscheidun-
gen nicht auf den Grund gegangen.

cc) Ausschluss der aufschiebenden Wirkung eines Rechtsbehelfs
    durch Anordnung der sofortigen Vollziehbarkeit

Legt ein Betroffener gegen einen ihn belastenden, in Vollzug des EG-
Rechts ergehenden Verwaltungsakt einer deutschen Verwaltungsbehörde einen Rechtsbehelf (Widerspruch, Anfechtungsklage) ein, ist er
vorläufig durch die kraft Gesetzes eintretende *aufschiebende Wirkung*
(§ 80 Abs. 1 VwGO) geschützt. Auf diese Weise gingen deutsche Win-
zer vor, die zur Destillation von Wein gezwungen werden sollten. Der
Effekt des durch § 80 Abs. 1 VwGO bewirkten verfahrensrechtlichen
Schutzes liegt darin, dass materielles EG-Recht vorläufig in Deutschland nicht durchgesetzt werden kann. Dies widerspricht dem Effektivitätsgebot, das der wirksamen Durchsetzung des Gemeinschaftsrechts
Priorität zumisst[116]. Innerhalb der EG droht der einheitliche Vollzug
des einschlägigen Gemeinschaftsrechts zu scheitern, weil andere EG-
Mitgliedstaaten die von Gesetzes wegen eintretende aufschiebende
Wirkung nicht kennen[117].
Der EuGH sieht in dieser Situation die nationalen Verwaltungsbehörden in der Pflicht, die *sofortige Vollziehbarkeit* des in Vollzug des
EG-Rechts ergangenen Verwaltungsakts anzuordnen[118]. In der Tat lassen sich im Wege der europarechtskonformen Auslegung des § 80 Abs.
2 S. 1 Nr. 4 VwGO als „öffentliche Interessen" ohne weiteres die Ge-
meinschaftsinteressen begreifen[119]. Die Anordnung der sofortigen
Vollziehbarkeit eines Verwaltungsakts erweist sich als wirksames Instrument zur Durchsetzung des EG-Rechts.

---

gemeinschaftlichen Verfahrensverordnung für die Beihilfekontrolle, NVwZ
1999, 1049 ff.
[116] *Stern* (Fn. 48), JuS 1998, 769 (775).
[117] Die Einheitlichkeit des Vollzugs ist sichergestellt, wenn das Gemeinschaftsrecht den Eintritt der innerstaatlich ex lege möglichen aufschiebenden
Wirkung untersagt; so Art. 14 Abs. 3 VO (EG) Nr. 659/1999 (Fn. 115) bei der
Rückforderung von Beihilfen.
[118] EuGH, Slg. I 1990, 2899 = EuZW 1990, 384 – Tz. 34.
[119] *Schoch*, in: ders./Schmidt-Aßmann/Pietzner, VwGO (Stand: Januar
2000), § 80 Rn. 157 m. w. Nachw.

Aus diesem Befund darf jedoch nicht die Schlussfolgerung gezogen werden, dass § 80 Abs. 1 VwGO gleichsam komplett „unverträglich" für das Europarecht ist. In einer ausländerrechtlichen Entscheidung jüngeren Datums wird festgestellt, dass das Gemeinschaftsrecht den Status des vorläufig erlaubten Aufenthalts vom Grundsatz her allen Personen zuweise, die Freizügigkeit genössen, so dass für die Anwendung von § 69 Abs. 2 S. 2 AuslG kein Raum sei[120]. Hier zeigt sich, dass gerade die Anerkennung der aufschiebenden Wirkung (§ 80 Abs. 1 VwGO i. V. m. § 12 Abs. 9 AufenthG/EWG, § 72 Abs. 1 AuslG) der Durchsetzung des Gemeinschaftsrechts dient.

dd) Prinzipale Normenkontrolle

Zu § 47 VwGO ist in der jüngsten Vergangenheit eine Diskussion darüber aufgekommen, ob als *Prüfungsmaßstab im Normenkontrollverfahren* auch EG-Recht herangezogen werden kann, um ggf. die Unvereinbarkeit untergesetzlichen Rechts mit Gemeinschaftsrecht feststellen zu können. Diese Frage wird verschiedentlich mit der Erwägung verneint, dass die Oberverwaltungsgerichte im Normenkontrollverfahren „über die Gültigkeit" von Rechtsnormen zu entscheiden hätten, während der Vorrang des Gemeinschaftsrechts nur die Nichtanwendbarkeit entgegenstehenden nationalen Rechts bewirke[121].

Dieser Auffassung wird man eine europarechtskonforme Deutung des § 47 VwGO entgegenhalten müssen. Eine Entscheidung zur Nichtanwendbarkeit einer nationalen Rechtsvorschrift kann durchaus als Minus zur Nichtigkeitserklärung gedeutet werden[122]. Dann aber kann auch § 47 VwGO in den Dienst zur Durchsetzung des Gemeinschaftsrechts gestellt werden.

---

[120] OVG Hamburg, NVwZ-RR 2000, 187 (188).

[121] *Rinze*, Europarecht als Prüfungsmaßstab im Rahmen der Normenkontrolle nach § 47 VwGO, NVwZ 1996, 458 ff.; *Kadelbach* (Fn. 40), KritV 1999, 378 (388).

[122] *Pache/Burmeister*, Gemeinschaftsrecht im verwaltungsgerichtlichen Normenkontrollverfahren, NVwZ 1996, 979 ff.; *Pielow*, Neuere Entwicklungen beim „prinzipalen" Rechtsschutz gegenüber untergesetzlichen Normen, Die Verwaltung 32 (1999), 445 (475 ff.); *Ehlers*, Europäisierung des Verwaltungsprozessrechts (Fn. 101), S. 39 ff.; *Gerhardt*, in: Schoch/Schmidt-Aßmann/Pietzner (Fn. 15), § 47 Rn. 89, 114.

2. Entwicklungspotentiale im nationalen Prozessrecht zur Durchsetzung des Gemeinschaftsrechts

a) Verwaltungsrechtsschutz in multipolaren Rechtsverhältnissen unter Komplexitätsbedingungen

Umorientierungen werden dem Verwaltungsrechtsschutz durch das EG-Recht vor allem in multipolaren Rechtsverhältnissen abverlangt, in denen unter Komplexitätsbedingungen zu entscheiden ist. Beispiele hierfür bieten das Umweltrecht, das Telekommunikationsrecht und das Vergaberecht. Die Einwirkungen des Gemeinschaftsrechts auf die nationale Rechtsordnung zwingen zu einem Überdenken der überkommenen „Regelungsphilosophie"[123]. Sie fordern mitunter eine Modernisierung der Rechtsdogmatik und eine Fortentwicklung der Rechtsprechung.

So gesehen ist das Gemeinschaftsrecht durchaus geeignet, einen Entwicklungsrückstand des nationalen Rechts aufzuzeigen, den zu beseitigen die nationalen Akteure oftmals gar nicht mehr in der Lage sind. Das EG-Recht initiiert einen „Modernisierungsschub", der der nationalen Rechtsordnung insgesamt zuträglich sein kann. Eine Schlüsselrolle nimmt hierbei die Verwaltungsgerichtsbarkeit ein[124].

b) Fortentwicklung des nationalen Rechtsschutzsystems

Das Gelingen der gemeinschaftsrechtlich geforderten Umorientierung im nationalen Verwaltungsrechtsschutz hängt maßgeblich von den Entwicklungspotentialen des nationalen Prozessrechts und dem Willen zur Fortentwicklung des Rechtsschutzsystems ab. Chancen und Risiken lassen sich an aktuellen Diskussionsfeldern aufzeigen; fertige Lösungen dazu gibt es noch nicht, wohl aber Ansätze für die Entwicklung gemeinschaftsrechtskonformer Ergebnisse. Ich stelle drei Beispiele zur Diskussion: die Einklagbarkeit individueller Rechte, die Kontrolle der Einhaltung des Verwaltungsverfahrensrechts und die gerichtliche Kontrolldichte.

aa) Einklagbarkeit individueller Rechte

Im Unterschied zu der oben erörterten Instrumentalisierung der Klagebefugnis zur Durchsetzung subjektiver Rechte des (umgesetzten oder unmittelbar anwendbaren) Gemeinschaftsrechts geht es im vorliegenden Zusammenhang um alle dem Einzelnen zugeordnete Rechtspo-

---

[123] So *Schmidt-Aßmann* (Fn. 30), VBlBW 2000, 45 (49).
[124] *Classen*, Europäisierung der Verwaltungsgerichtsbarkeit (Fn. 17), S. 5 ff.

sitionen (subjektiver oder objektiver Art) aus der Gesamtrechtsordnung, die der Einzelne geltend machen und notfalls gerichtlich durchsetzen kann. Es geht also um die *Klagbarkeit von Rechten*. Dabei interessieren in erster Linie solche Rechtspositionen, die nach der Eigenlogik des deutschen Rechts (Schutznormtheorie) nicht einklagbar wären. Die Beratungen bei der 22. Fachtagung der Gesellschaft für Umweltrecht e. V. am 6. November 1998 in Berlin haben gezeigt, dass das deutsche Recht durchaus „anschlussfähig" an die europäische Rechtsentwicklung ist[125]. Der Präsident des EuGH spricht sogar davon, dass der Gerichtshof die Schutznormtheorie übernommen habe[126]. Falls man dieser Einschätzung beizupflichten geneigt ist, muss jedoch von einer „europäisierten Schutznormtheorie" gesprochen werden. Denn mittlerweile besteht kaum noch ein Zweifel daran, dass das enge deutsche Konzept der Schutznormtheorie europarechtlich nicht zu halten ist[127]. Wenn ihr dennoch die notwendige Anschlussfähigkeit attestiert wird, ist dies auf ihre Tauglichkeit als *Strukturmodell* zurückzuführen; inhaltlich jedoch erfährt sie eine Ausweitung sowohl in Bezug auf die Schutzgegenstände als auch den geschützten Personenkreis.

Was zunächst die strukturellen Anforderungen an die Klagbarkeit von Rechten betrifft, zeichnet sich folgender Konsens ab:

- Die gemeinschaftsrechtliche Norm muss unmittelbar wirksam (d. h. anwendbar) sein. Dies ist eine notwendige, aber noch keine hinreichende Voraussetzung für die Einklagbarkeit[128]. Hier ist auch die Frage zu verorten, unter welchen Voraussetzungen der Einzelne sich vor einem nationalen Gericht auf eine Richtlinie berufen kann[129].
- Unmittelbar anwendbares Gemeinschaftsrecht darf jedoch mit individueller Klagbarkeit nicht gleichgesetzt werden. Einen allgemeinen Normvollziehungsanspruch gibt es nach EG-Recht nicht[130].

---

[125] Vgl. dazu *Schoch* und *Winter*, Individualrechtsschutz im deutschen Umweltrecht unter dem Einfluss des Gemeinschaftsrechts, NVwZ 1999, 457 ff. bzw. 467 ff.

[126] *Rodríguez Iglesias* (Fn. 56), NJW 1999, 1 (7 Fn. 55).

[127] Vgl. Nachw. oben Fn. 125; ferner *Schmidt-Aßmann* (Fn. 26) DVBl. 1997, 281 (285 f.); *ders.*, Ordnungsidee (Fn. 8), S. 199. – Instruktiv auch der Rechtsvergleich mit Frankreich, vgl. *Woehrling*, Rechtsschutz im Umweltrecht in Frankreich, NVwZ 1999, 502 f.

[128] EuGH, Slg. I 1995, 2189 = NVwZ 1996, 369 = EuZW 1995, 743 – Tz. 26; BVerwGE 100, 238 (242).

[129] Umfassende Darstellung dazu bei *Renke*, EG-Richtlinien und verwaltungsgerichtlicher Rechtsschutz, 1998, S. 22 ff. (zu Individualrechten in EG-Richtlinien) und S. 198 ff. (zur gemeinschaftsrechtskonformen Durchsetzung der Individualrechte im nationalen Recht).

[130] *Ehlers*, Europäisierung des Verwaltungsprozessrechts (Fn. 101), S. 48 ff.

• Gemeinschaftsrecht verlangt im übrigen auch nicht die Einführung einer sog. Popularklage[131]. Außerdem erfolgt die Bestimmung der Klagbarkeit von Rechten nicht nach Maßgabe einer lediglich faktischen Betroffenheit[132]. Auch nach EG-Recht ist eine normative Basis Entstehungsbedingung individueller Rechte; es geht um eine rechtlich zuerkannte Willensmacht.

Damit ist – vom Konzept her nicht anders als im deutschen Recht – auf die *Maßgeblichkeit des Norminhalts* verwiesen[133]. Hier nun machen sich die Einwirkungen des EG-Rechts deutlich bemerkbar. Das der Funktionslogik des Gemeinschaftsrechts entspringende Modell der „funktionalen Subjektivierung", das den Gemeinschaftsbürger in die dezentrale Vollzugskontrolle einbezieht[134], fragt mit Blick auf das in diesem Zusammenhang besonders bedeutsame Richtlinienrecht, ob *Ziel* einer Richtlinie die Verleihung von Rechten an Individuen ist[135]. Dabei begnügt sich das Gemeinschaftsrecht nicht selten mit der typisierenden Benennung von *Interessen einer Gesamtheit* (z. B. Schutz der Volksgesundheit, Schutz der Verbraucher). Auf diese Weise bewirkt das Gemeinschaftsrecht – im Vergleich zum engen deutschen Schutznormkonzept – eine Ausweitung einklagbarer individueller Rechte in sachlicher und in personeller Hinsicht[136]. Dies kann an zwei aktuellen Beispielfeldern verdeutlicht werden:

• Die Regeln des *Vergaberechts*[137], dessen Entwicklung in Deutschland bedauerlicherweise an der Verwaltungsgerichtsbarkeit vorbei-

---

[131] *Ruthig* (Fn. 99), BayVBl. 1997, 289 (295); *Ruffert* (Fn. 99), DVBl. 1998, 69 (73); *Kokott* (Fn. 80), Die Verwaltung 31 (1998), 335 (357); ausführlich *Wegener*, Rechte des Einzelnen – Die Interessentenklage im europäischen Umweltrecht, 1998, S. 163 ff.

[132] *Ehlers*, Europäisierung des Verwaltungsprozessrechts (Fn. 101), S. 52 ff.

[133] *Dörr*, in: Sodan/Ziekow (Fn. 35), EVR Rn. 367 (ebenfalls unter Differenzierung zwischen Normstruktur und Norminhalt).

[134] Vgl. oben B. II. 2. b).

[135] Ständige Rechtsprechung im Bereich des Sekundärrechtsschutzes (Staatshaftung); EuGH, Slg. I 1991, 5357 – Tz. 39; EuGH, Slg. I 1994, 3325 – Tz. 27; EuGH, Slg. I 1996, 1029 – Tz. 51; EuGH, Slg. I 1996, 4845 – Tz. 21; EuGH, Slg. I 1997, 4051 – Tz. 35. – Diese Rechtsprechung am Beispiel der Einlagensicherungs-Richtlinie 94/19/EWG aufnehmend und umsetzend LG Bonn, NJW 2000, 815 (816); dazu Bespr. *Gratias*, Bankenaufsicht, Einlegerschutz und Staatshaftung, NJW 2000, 786 ff.

[136] Vgl. dazu i. e. *Schoch* (Fn. 125), NVwZ 1999, 457 (464).

[137] Zur Europäisierung des Vergaberechts *Pietzcker*, Die neue Gestalt des Vergaberechts, ZHR 162 (1998), 427 ff.; *Schwarze*, Die Vergabe öffentlicher Aufträge im Lichte des europäischen Wirtschaftsrechts, EuZW 2000, 133 ff.; ausführlich *Noch*, Vergaberecht und subjektiver Rechtsschutz – Eine Darstellung nach europäischem und deutschem Recht, 1998, S. 19 ff.

gelaufen ist[138], dienten nach traditionellem deutschen Verständnis dem Interesse der öffentlichen Haushalte an einer sparsamen Haushaltsführung. Nach europarechtlichem Verständnis soll das öffentliche Auftragswesen den Anbietern europaweit gleiche Rechte im Interesse einer transparenten Binnenmarktverwirklichung verschaffen[139]. Für den EuGH ist es daher nicht zweifelhaft, dass einschlägige Richtlinienbestimmungen den Bietern einklagbare Rechtspositionen vermitteln[140].

- Im *Umweltrecht* werden nach der deutschen Schutznormdoktrin im Immissionsschutzrecht grundsätzlich nur die der Gefahrenabwehr dienenden Rechtsnormen als drittschützend anerkannt, nicht jedoch die der Vorsorge gewidmeten Vorschriften[141]; Dritte können sich auf Immissionswerte berufen, nicht auf Emissionswerte[142]. Nach europarechtlicher Lesart hingegen *können* alle dem Schutz personaler Rechtsgüter dienende Standards – unabhängig davon, ob der Gefahrenabwehr oder dem Vorsorgegebot zugeordnet, oder ob als Immissionswert oder als Emissionswert festgesetzt – grundsätzlich drittschützend wirken[143]. Deshalb entspricht es durchaus der gemein-

---

[138] Kritisch dazu *Schmidt-Aßmann* (Fn. 30), VBlBW 2000, 45 (47). – In Frankreich sind die Verwaltungsgerichte für den Rechtsschutz im Vergaberecht zuständig, *Schwarze*, Die Entwicklung der französischen Verwaltungsgerichtsbarkeit aus deutscher Sicht, DVBl. 1999, 261 (266 f.).

[139] *Kadelbach* (Fn. 40), KritV 1999, 378 (386).

[140] EuGH, Slg. I 1997, 4961 = EuZW 1997, 625 (m. Anm. *Byok*) – Tz. 43 ff. – Zur weiteren Stärkung des Bieterschutzes von wesentlicher Bedeutung ist die Entscheidung in der Rechtssache „Alcatel", EuGH, DVBl. 2000, 118 = NJW 2000, 569 = EuZW 1999, 759 (m. Anm. *Hausmann*) = JZ 2000, 460 (m. Anm. *Brinker*) – Tz. 33 ff.; dazu *Erdl*, Neues Vergaberecht: Effektiver Rechtsschutz und Vorab-Informationspflicht des Auftraggebers, BauR 1999, 1341 ff.; *Martin-Ehlers*, Die Unterscheidung zwischen Zuschlag und Vertragsschluss im europäischen Vergaberecht, EuZW 2000, 101 ff.; *Adam*, Zuschlag, Vertragsschluss und europäisches Vergaberecht, WuW 2000, 260 ff.; *Kus*, Auswirkungen der EuGH-Entscheidung „Alcatel Austria AG" auf das deutsche Vergaberecht, NJW 2000, 544 ff.

[141] Umfassende Darstellung dazu bei *Roßnagel*, in: Koch/Scheuing (Hrsg.), GK-BImSchG (Stand: April 1998), § 5 Rn. 847 ff.; kritische Analyse bei *Kutscheidt*, Immissionsschutzrechtliche Vorsorge und Drittschutz, in: Festschrift für Redeker, 1993, S. 439 ff. – Zur Ausnahme im Atomrecht vgl. BVerwG, NVwZ 1998, 623 (625 ff.) und 628 (631) sowie 631 f.

[142] BVerwGE 65, 313 (320); BayVGH, NVwZ-RR 1998, 737 (740 f.); ausführlich *Wahl/Schütz*, in: Schoch/Schmidt-Aßmann/Pietzner (Fn. 10), § 42 Abs. 2 Rn. 151 ff.

[143] *Wegener*, Rechte des Einzelnen (Fn. 131), S. 185 f.; *Jarass*, BImSchG, 4. Aufl. 1999, § 48a Rn. 10; *Ehlers*, Europäisierung des Verwaltungsprozessrechts (Fn. 101), S. 63; der Sache nach in diesem Sinne BayVGH, NVwZ 1994, 186 (187).

schaftsrechtlichen Schutzphilosophie, wenn neuerdings gefordert wird, den Emissionsgrenzwerten der 17. BImSchV für kanzerogene Stoffe drittschützende Wirkung zuzuerkennen[144].

Im Ergebnis muss es aus nationaler Sicht keineswegs beklagenswert sein, wenn sich das deutsche Recht an eine „gemeinschaftsrechtlich ‚aufgeladene' Version der Schutznormlehre"[145] gewöhnen muss. Darin kann man durchaus auch einen Gewinn für das nationale Recht und seine Fortentwicklung vor allem in multipolaren Rechtsbeziehungen sehen[146].

bb) Kontrolle der Einhaltung des Verwaltungsverfahrensrechts

Ähnliches gilt für die *Wertschätzung des Verwaltungsverfahrensrechts* durch das EG-Recht. Verfahrensregelungen dienen danach nicht nur der wirksamen Durchsetzung des materiellen Rechts, sondern bieten auch eine gewisse Gewähr für die Richtigkeit der Verwaltungsentscheidung[147]. Wesentliche Verfahrensvorschriften, zu denen vor allem die Gewährung rechtlichen Gehörs[148] und die behördliche Pflicht zur Begründung einer Verwaltungsentscheidung[149] gehören, werden gerichtlich streng auf ihre Einhaltung kontrolliert. Der Heilung von Verfahrensfehlern begegnet der EuGH mit Zurückhaltung[150], der behördliche Vortrag zur fehlenden Kausalität eines Verfahrensfehlers für die

---

[144] *Lübbe-Wolff*, Sind die Grenzwerte der 17. BImSchV für krebserzeugende Stoffe drittschützend?, NuR 2000, 19 ff.

[145] So *Dörr*, in: Sodan/Ziekow (Fn. 35), EVR Rn. 453.

[146] Die Hoffnungen reichen hin bis zu einem Abbau des Vollzugsdefizits im Umweltrecht, vgl. *Schoch* (Fn. 125), NVwZ 1999, 457 (467); skeptisch demgegenüber *Halfmann* (Fn. 99), VerwArch. 91 (2000), 74 (86 ff.), sowie *Breuer*, Konkretisierte Umweltanforderungen und subjektiv-öffentliche Rechte, in: Konkretisierung von Umweltanforderungen – Umweltrechtstage 1998, S. 255 (267 ff.).

[147] *Hirsch* (Fn. 96), VBlBW 2000, 71 (74).

[148] EuGH, Slg. I 1991, 5469 = NVwZ 1992, 358 – Tz. 23 ff.; EuGH, Slg. I 1994, 2899 = EuZW 1994, 603 – Tz. 39 (Gewährung rechtlichen Gehörs als fundamentaler Grundsatz des Gemeinschaftsrechts); vgl. ferner *Bast*, Der Grundsatz des rechtlichen Gehörs im Gemeinschaftsrecht, RIW 1992, 742 ff.; *Gornig/Trüe*, Die Rechtsprechung des EuGH und des EuG zum Europäischen Verwaltungsrecht – Teil 1, JZ 2000, 395 (404 ff.).

[149] EuG, Slg. 1987, 4097 – Tz. 15; EuGH, Slg. I 1992, 3003 – Tz. 15; EuGH, Slg. I 1996, 5151 = NVwZ 1997, 475 = EuZW 1997, 213 – Tz. 31 ff.; vgl. i. e. zur Begründungspflicht *Gornig/Trüe* (Fn. 148), Teil 2, JZ 2000, 446 (452 f.).

[150] *Classen*, Das nationale Verwaltungsverfahren im Kraftfeld des Europäischen Gemeinschaftsrechts, Die Verwaltung 31 (1998), 307 (323 ff.).

Sachentscheidung der Behörde wird nicht selten unter Hinweis auf die Gewaltenteilung zurückgewiesen[151].

Demgegenüber ist die deutsche Rechtspraxis durch eine gewisse Geringschätzung des Verwaltungsverfahrensrechts gekennzeichnet[152]. In signifikanter Weise kommt dies durch die Marginalisierung der Verfahrensfehlerfolgen über die Figur der sog. „konkreten Kausalität" zum Ausdruck. Die danach zu ermittelnde Entscheidungserheblichkeit eines Verfahrensmangels wird nur anerkannt, wenn die konkrete Möglichkeit bejaht wird, dass ohne den Verfahrensfehler die Verwaltungsentscheidung in der Sache anders ausgefallen wäre[153]. Dieses Urteil wird indes höchst selten gefällt.

In der Rechtswissenschaft besteht weithin Einigkeit darüber, dass mit dieser Bestimmung des Verhältnisses zwischen Verwaltungsverfahrensrecht und materiellem Recht eine Entkoppelung von der europäischen Entwicklung stattfindet[154]. Der funktionale Zusammenhang beider Verfahren wird lediglich aus der Perspektive der späteren gerichtlichen Auseinandersetzung betrachtet; indem das Verwaltungsverfahren jedoch als justizakzessorisches Institut gedeutet wird, wird seine eigenständige Rechtswahrungsfunktion negiert und teilweise aufgegeben[155]. Dem kann mit Hilfe des Europarechts ein prozedurales Rechtskonzept entgegengesetzt werden, das eine nicht erreichbare materielle Richtigkeit durch Verfahrensrichtigkeit auszugleichen sucht[156].

---

[151] EuG, Slg. II 1995, 2843 = EuZW 1996, 602 – Tz. 39: „Das EuG kann sich nämlich weder an die Stelle der zuständigen Verwaltungsbehörde setzen noch dem Ergebnis vorgreifen, zu dem diese nach einem neuen Verwaltungsverfahren … gelangen wird." – Ferner instruktiv EuGH, Slg. I 1996, 5151 = NVwZ 1997, 475 = EuZW 1997, 213 – Tz. 48: keine Heilung eines Begründungsmangels durch Ausführungen, die die Kommission vor dem Gerichtshof gemacht hat.

[152] Zu dieser „deutschen Tradition" *Schoch*, Der Verfahrensgedanke im Allgemeinen Verwaltungsrecht – Anspruch und Wirklichkeit nach 15 Jahren VwVfG, Die Verwaltung 25 (1992), 21 ff. – Zur notwendigen Neuorientierung des Verwaltungsverfahrens *Würtenberger*, Rechtliche Optimierungsgebote oder Rahmensetzungen für das Verwaltungshandeln?, VVDStRL 58 (1999), 139 (166 ff.).

[153] BVerwGE 98, 339 (361 f.); 100, 238 (252); 104, 236 (241).

[154] *Schmidt-Aßmann* (Fn. 30), VBlBW 2000, 45 (51): Entwicklung in die falsche Richtung; ausführlich *Schoch*, in: Schmidt-Aßmann/Hoffmann-Riem (Hrsg.), Strukturen des Europäischen Verwaltungsrechts, (Fn. 95), S. 295 ff. m. w. Nachw.

[155] *Schmidt-Aßmann* (Fn. 26), DVBl. 1997, 281 (287 f.).

[156] *Schmidt-Aßmann* (Fn. 30), VBlBW 2000, 45 (49). – Nicht zu erkennen ist überdies, wie in dem deutschen Modell das europarechtliche Konzept des integrativen Umweltschutzes umgesetzt werden kann, das ganz maßgeblich von der prozeduralen Wissensgenerierung abhängt; vgl. dazu *Wickel*, Die Zulassung von Industrieanlagen und die „gebundene" Vorhabengenehmigung, UPR 2000, 92 ff.

Die unterschiedlichen Konsequenzen beider Modelle können am Beispiel der *Umweltverträglichkeitsprüfung* (UVP) aufgezeigt werden. Sie wird nach herrschender Auffassung als reines Verfahrenselement verstanden[157], Fehler bei der UVP sollen nicht einmal ein Indiz für die Fehlerhaftigkeit der Sachentscheidung sein; die „konkrete Kausalität" muss ermittelt werden[158]. Das demgegenüber in der obergerichtlichen Rechtsprechung in Betracht gezogene Konzept einer UVP als „Richtigkeitsgewähr durch Verfahren"[159] hat sich nicht durchsetzen können. Wenn man aber – was umstritten ist – ein Recht auf UVP anerkennt[160] oder wenn man wenigstens mit dem BVerwG dem Äußerungsrecht der betroffenen Öffentlichkeit (Art. 6 Abs. 2 UVP-RL) einen individualschützenden Gehalt zuerkennt[161], ist aus europarechtlicher Perspektive zweifelhaft, ob die in der UVP-Richtlinie konzipierten Individualrechte durch unsere Rechtsprechung nicht ihrer praktischen Wirksamkeit beraubt werden[162]. Verfahrensrechte, die das Gemeinschaftsrecht einräumt, müssen nämlich nach europarechtlicher Doktrin – unabhängig von den Aussagen des § 44a VwGO – einklagbar sein[163].

cc) Gerichtliche Kontrolldichte

Da wir uns beim verwaltungsgerichtlichen Rechtsschutz gleichsam in einem „System kommunizierender Röhren" befinden, sind im Anschluss an die Darlegungen zum Verwaltungsverfahrensrecht Überlegungen darüber anzustellen, ob eine bessere Rezeption der prozeduralen Vorgaben des EG-Rechts Auswirkungen auf die *gerichtliche Kontrolldichte* haben könnte. Ich muss mich hier auf eine strikt gemeinschaftsrechtliche Sichtweise beschränken[164] und kann diese um einige rechtsvergleichende Hinweise ergänzen.

---

[157] Vgl. die Darstellung der Judikatur bei *Hien*, Die Umweltverträglichkeitsprüfung in der gerichtlichen Praxis, NVwZ 1997, 423 ff.

[158] Vgl. Nachw. oben Fn. 153.

[159] BayVGH, DVBl. 1994, 1198 = BayVBl. 1995, 304.

[160] Vgl. zum Diskussionsstand *Ehlers*, Europäisierung des Verwaltungsprozessrechts (Fn. 101), S. 70 f.

[161] BVerwGE 100, 238 (252).

[162] *Classen*, in: Kreuzer/Scheuing/Sieber (Fn. 28), S. 116 f.; *Schmidt-Aßmann*, Ordnungsidee (Fn. 8), S. 298; *Dörr*, in: Sodan/Ziekow (Fn. 35), EVR Rn. 459.

[163] *Kadelbach* (Fn. 40), KritV 1999, 378 (392 f.); *Ehlers*, Europäisierung des Verwaltungsprozessrechts (Fn. 101), S. 69 ff.; *Dörr*, in: Sodan/Ziekow (Fn. 35), EVR Rn. 455 ff.

[164] Zur Verknüpfung mit innerstaatlichen Diskussionen *Schoch* (Fn. 125), NVwZ 1999, 457 (466 f.).

Neuere Untersuchungen bestätigen, dass die gerichtliche Kontrolldichte gegenüber Verwaltungsmaßnahmen in Deutschland größer ist als in anderen europäischen Staaten und auch als im gemeinschaftseigenen Rechtsschutzsystem[165]. Als Ursachen hierfür gelten – neben einem präsumtiven Misstrauen gegenüber der Exekutive in Deutschland[166] – das unausgewogene Verhältnis zwischen Verwaltungsverfahrensrecht und materiellem Recht[167], das Fehlen einer abgestuften Kontrollsystematik[168] und vor allem die Unterscheidung zwischen gerichtlich grundsätzlich voll nachprüfbaren unbestimmten Rechtsbegriffen auf der Tatbestandsseite einer Rechtsnorm und dem auf der Rechtsfolgenseite angesiedelten, nur auf die Einhaltung bestimmter Grenzen nachprüfbaren Ermessen[169]. Das Gemeinschaftsrecht kennt die zuletzt erwähnte Unterscheidung nicht, sondern akzeptiert in beiden Konstellationen einen Spielraum der Verwaltung[170]; dieser wird gerichtlich daraufhin überprüft, ob der Sachverhalt zutreffend festgestellt, das vorgeschrie-

---

[165] Vgl. i. e. *Pache*, Die Kontrolldichte in der Rechtsprechung des Gerichtshofs der Europäischen Gemeinschaften, DVBl. 1998, 380 ff.; *Classen*, Europäisierung der Verwaltungsgerichtsbarkeit (Fn. 17), S. 119 ff.; vgl. ferner die Beiträge in den Sammelbänden von *Schwarze/Schmidt-Aßmann* (Hrsg.), Das Ausmass der gerichtlichen Kontrolle im Wirtschaftsverwaltungs- und Umweltrecht, 1992, sowie *Frowein* (Hrsg.), Die Kontrolldichte bei der gerichtlichen Überprüfung von Handlungen der Verwaltung, 1993; Rechtsvergleich mit Frankreich und England bei *Riedel*, Rechtliche Optimierungsgebote oder Rahmensetzungen für das Verwaltungshandeln?, VVDStRL 58 (1999), 180 ff.

[166] *Wahl* (Fn. 50), Der Staat 38 (1999), 495 (513).

[167] Dies wäre eine notwendige Voraussetzung für die Verwirklichung der Leitidee vom „Nacharbeiten" der Verwaltungsentscheidung im Prozess; dazu *Gerhardt*, in: Schoch/Schmidt-Aßmann/Pietzner (Fn. 15), Vorb. § 113 Rn. 9 f. und § 114 Rn. 4 ff.

[168] Vgl. zum französischen Recht *Riedel* (Fn. 165), VVDStRL 58 (1999), 180 (190 f.); *Geurts*, Verwaltungsrechtliche Kontrolldichte – Ein Vergleich zwischen Deutschland und Frankreich unter besonderer Berücksichtigung des technischen Sicherheitsrechts, 1999, S. 25 ff. – Ausführlich zu einem Konzept gestufter Kontrolldichte *Röben*, Die Einwirkung der Rechtsprechung des Europäischen Gerichtshofs auf das Mitgliedstaatliche Verfahren in öffentlich-rechtlichen Streitigkeiten, 1998, S. 256 ff.

[169] *Pache* (Fn. 165), DVBl. 1998, 380 (384); *Kadelbach* (Fn. 40), KritV 1999, 378 (393 ff.); *Hirsch* (Fn. 96), VBlBW 2000, 71 (73 f.); *Schwarze* (Fn. 35), NVwZ 2000, 241 (249).

[170] Ebenso neuerdings für das deutsche Recht *Schmidt-Aßmann* (Fn. 26), DVBl. 1997, 281 (283 ff.); *ders.*, Ordnungsidee (Fn. 8), S. 181 f.; ferner *Brenner*, Gestaltungsauftrag der Verwaltung in der EU (Fn. 45), S. 399 ff.

bene Verfahren eingehalten und das Ermessen nicht missbräuchlich ausgeübt wurde[171].

Vor diesem Hintergrund hat der EuGH bei komplexen Entscheidungssituationen sein Kontrollkonzept für das Eigenverwaltungsrecht der EG in der Rechtssache TU München folgendermaßen formuliert[172]:

> „Soweit jedoch die Organe der Gemeinschaft über einen solchen Beurteilungsspielraum verfügen, kommt eine um so größere Bedeutung der Beobachtung der Garantien zu, die die Gemeinschaftsrechtsordnung in Verwaltungsverfahren gewährt. Zu diesen Garantien gehören insbesondere die Verpflichtung des zuständigen Organs, sorgfältig und unparteiisch alle relevanten Gesichtspunkte des Einzelfalls zu untersuchen, das Recht des Betroffenen, seinen Standpunkt zu Gehör zu bringen, und das Recht auf eine ausreichende Begründung der Entscheidung. Nur so kann der Gerichtshof überprüfen, ob die für die Wahrnehmung des Beurteilungsspielraums maßgeblichen sachlichen und rechtlichen Umstände vorgelegen haben."

Auch hierzulande herrscht weitgehend Einigkeit darüber, dass die Einhaltung der einschlägigen Verwaltungsverfahrensvorschriften gerichtlich um so intensiver überprüft werden muss, je weiter die behördliche Gestaltungskompetenz (Ermessen, Beurteilungsermächtigung) reicht[173].

Die entscheidende Frage geht nun dahin, ob das Gemeinschaftsrecht dem nationalen Recht eine bestimmte Kontrolldichte vorschreibt. Dies ist zu verneinen[174]. Der EuGH hat in einer Entscheidung vom 21. Januar 1999 ausdrücklich festgestellt, das Gemeinschaftsrecht verlange nicht, dass die mitgliedstaatliche gerichtliche Kontrolle von komplexen Verwaltungsentscheidungen eine weitergehende Nachprüfung umfassen müsse, als sie der Gerichtshof selbst in vergleichbaren Fällen vornehme[175].

Damit steht das Gemeinschaftsrecht einer Umorientierung der deutschen verwaltungsgerichtlichen Kontrollpraxis nicht im Wege, es verlangt sie aber auch nicht. Ob von einer Aufwertung des Verwaltungsverfahrensrechts und seiner gerichtlichen Überprüfung ein faktischer Zwang in diese Richtung ausgehen könnte, ist eine offene Frage.

---

[171] EuGH, Slg. 1976, 19 – Tz. 8; EuGH, Slg. 1983, 2379 – Tz. 14; EuGH, Slg. I 1993, 3203 – Tz. 24 f.; EuGH, Slg. I 1998, 2211 – Tz. 39; EuGH, Slg. I 1999, 223 = EuZW 1999, 503 – Tz. 34.

[172] EuGH, Slg. I 1991, 5469 = NVwZ 1992, 358 – Tz. 14.

[173] *Schmidt-Aßmann* (Fn. 26), DVBl. 1997, 281 (285); *Pache* (Fn. 165), DVBl. 1998, 380 (385); *Würtenberger* (Fn. 152), VVDStRL 58 (1999), 139 (169 f.); *Schwarze* (Fn. 35), NVwZ 2000, 241 (250).

[174] *Pache* (Fn. 165), DVBl. 1998, 380 (387); *Schwarze* (Fn. 35), NVwZ 2000, 241 (249).

[175] EuGH, Slg. I 1999, 223 = EuZW 1999, 503 – Tz. 35.

3. Rechtsschutz in strukturell bedingten Konfliktlagen

a) Rechtsschutzstandards und Kompetenzgrenzen

Die weitreichendste Einwirkung des Gemeinschaftsrechts in das nationale Recht ist mit dem Begriff der „Umstrukturierung" markiert. Zu diesem Phänomen grenze ich hier Rechtsetzungsakte[176] aus und konzentriere mich auf die Rechtsprechung des EuGH.

Auf der Grundlage des Anwendungsvorrangs des Gemeinschaftsrechts und mit Hilfe des Äquivalenzgrundsatzes und des Effektivitätsgebots sollte der Gerichtshof an sich ohne weiteres in der Lage sein, Umstrukturierungen im nationalen Recht herbeizuführen. Eine solcherart eindimensionale Betrachtung lässt jedoch die deutsche *Verfassungsrechtslage* außer acht. Der Rechtsanwendungsbefehl für das EG-Recht wird durch das deutsche Zustimmungsgesetz zum EG-Vertrag erteilt. Danach kann nur solches Gemeinschaftsrecht innerstaatlich wirksam werden, das die wesentlichen Strukturen des Grundgesetzes (insbesondere die Grundrechte) achtet und die Grenze der der EG eingeräumten Hoheitsrechte einhält. Überschreitet die EG ihre Verbandskompetenz, sind die deutschen Staatsorgane verfassungsrechtlich gehindert, einen kompetenzwidrig erlassenen EG-Rechtsakt in Deutschland anzuwenden[177].

Die Frage nach der Einhaltung von Mindeststandards beim Rechtsschutz und der Beachtung der Kompetenzgrenzen durch die EG-Organe aufzuwerfen, gilt zwar bei manchen Europarechtlern als Provokation; die wissenschaftliche Redlichkeit gebietet jedoch, Tabuisierungsversuchen entgegenzuwirken[178]. Ob das Gemeinschaftsrecht in jedem Fall deutschen *Grundrechtsstandards* genügt, ist am Beispiel von Art. 14 Abs. 1 und 19 Abs. 4 GG anhand der Streitigkeiten um Importlizenzen für Bananen zweifelhaft geworden[179]. Und dass die *Kompetenzfrage* (einschließlich der Organkompetenz des EuGH) keineswegs unter schlichtem Hinweis auf die Befugnis des Gerichtshofs zur Rechtsfortbildung erledigt werden kann[180], zeigen etliche bekannte Beispiele, die

---

[176] Dazu umfassend *Boeck*, Die Abgrenzung der Rechtsetzungskompetenzen von Gemeinschaft und Mitgliedstaaten in der Europäischen Union, 2000, S. 31 ff.

[177] BVerfGE 89, 155 (188 ff.).

[178] Vgl. *von Danwitz* (Fn. 70), DVBl. 1998, 421 (429).

[179] Vgl. BVerfG, NJW 1995, 950 (m. Bespr. *Nettesheim* S. 2083) = JZ 1995, 352 (m. Anm. *Rupp*) = EuR 1995, 91 (m. Anm. *Pache*); VG Frankfurt, EuZW 1997, 182 ff.

[180] In diesem Sinne aber zuletzt *Schroeder* (Fn. 76), EuR 1999, 452 ff., sowie *Everling* (Fn. 77), JZ 2000, 217 ff.

mindestens diskussionswürdig sind. Sie reichen von der Inanspruchnahme einer exzessiv gedeuteten Kulturkompetenz der EG[181] über den
Erlass der EG-Bananenmarktordnung[182] und der Tabak-Richtlinie[183]
sowie die richterrechtliche Dekretierung von Standards für die Rücknahme von Subventionsbescheiden[184] und die Öffnung der Streitkräfte
für Frauen[185] bis hin zur Inanspruchnahme einer gerichtlichen Kontrolle der intergouvernementalen Zusammenarbeit[186]. Auch der verwaltungsgerichtliche Rechtsschutz ist von zweifelhaften Europäisie-
rungstendenzen nicht ausgenommen.

b) Gefährdungen mitgliedstaatlicher Verfahrensautonomie

Die damit verbundenen Gefährdungen betreffen die gemeinschaftsrechtlich ja durchaus anerkannte *mitgliedstaatliche Verfahrensautonomie*[187]. Der Befund kann am Beispiel von verfahrensrechtlichen Fristen
und anhand des gerichtlichen vorläufigen Rechtsschutzes verdeutlicht
werden.

aa) Rechtssicherheit durch Verfahrensfristen

Nationale Fristvorschriften (z. B. Widerspruchsfrist, Klagefrist, Ver-
jährungsfristen, Präklusionsbestimmungen[188]) können der wirksamen

---

[181] EuGH, Slg. 1989, 1425 = NJW 1989, 3091; kritisch dazu *Tonne*, Effektiver Rechtsschutz (Fn. 35), S. 286 f.
[182] Kompetenzwidrigkeit annehmend BFHE 179, 501 (507) = NJW 1996,
1367 (1368).
[183] Kompetenzüberschreitung bejahend *Raschauer* (Fn. 91), FS Leisner,
S. 909; zum Teil ebenso *Caspar*, Das europäische Tabakwerbeverbot und das
Gemeinschaftsrecht, EuZW 2000, 237 ff.; die Kompetenz der EG dagegen
(noch) bejahend *Nolte*, Die Kompetenzgrundlage der Europäischen Gemeinschaft zum Erlass eines weitreichenden Tabakwerbeverbots, NJW 2000, 1144 ff.
[184] Dazu oben Text zu und nach Fn. 115.
[185] EuGH, DVBl. 2000, 336 (m. Anm. *C. Koch* S. 476, der „das kompetenzi-
elle Problem" durch den EuGH „nicht hinreichend problematisiert" sieht) =
RIW 2000, 220 (m. Anm. *R. Scholz*, der Kompetenzwidrigkeit annimmt) =
EuZW 2000, 211 (m. Anm. *T. Stein*, der ebenfalls Kompetenzwidrigkeit annimmt) = EuR 2000, 91 (m. Anm. *Kämmerer*) = JZ 2000, 411 (m. Anm. *Götz*);
dazu Besprechung von *Streinz*, Frauen an die Front, DVBl. 2000, 585 ff., sowie
Laubinger/Repkewitz, Freiwilliger Waffendienst von Frauen in der Bundes-
wehr, VerwArch. 91 (2000), 297 ff.
[186] EuGH, Slg. I 1998, 2763 = JZ 1998, 1007 (m. Anm. *Pechstein*, der dem
EuGH eine Kompetenzüberschreitung vorwirft).
[187] Dazu oben B. II. 3. a).
[188] Vgl. speziell hierzu *von Danwitz*, Die europarechtliche Zulässigkeit von
Präklusionsregelungen im nationalen Umweltrecht, UTR 40 (1997), 387 ff.;
Erbguth, Zum Gehalt und zur verfassungs- wie europarechtlichen Vereinbar-

Durchsetzung des Gemeinschaftsrechts im innerstaatlichen Bereich entgegenstehen, falls nach Ablauf der Frist ein Rechtsschutzantrag auch dann unzulässig ist, wenn das EG-Recht dem Betroffenen klagbare (materielle) Rechte verleiht. Die gerichtliche Durchsetzung eines subjektiven Gemeinschaftsrechts kollidiert mit der aus Gründen der Rechtssicherheit bestehenden nationalen Fristenbestimmung.

Vor diesem Hintergrund hat der EuGH in der Rechtssache „Emmott" entschieden, dass eine im nationalen Recht vorgesehene Klagefrist erst zu laufen beginne, wenn die Richtlinie ordnungsgemäß in nationales Recht umgesetzt worden sei[189]. Dies soll auch bei einer Richtlinie mit unmittelbarer Wirkung gelten und ergebe sich aus der besonderen Natur der Richtlinien. Die Konsequenzen dieser Judikatur liegen – vor allem wegen der in der Entscheidung steckenden Verallgemeinerung – auf der Hand[190]. Im Bereich des Gemeinschaftsrechtsvollzugs würde die Bestandskraft von Verwaltungsakten in weitem Maße zur Disposition gestellt, der Grundsatz der Rechtssicherheit würde nicht unerheblich entwertet[191].

Die massive Kritik an der Entscheidung „Emmott" hat den EuGH zu dem wiederholten Hinweis veranlasst, jene Entscheidung sei durch die besonderen Umstände des Falles gerechtfertigt, da der Klägerin des Ausgangsverfahrens durch den Ablauf der Klagefrist jede Möglichkeit genommen worden sei, ihren auf eine Gemeinschaftsrichtlinie gestützten Anspruch auf Gleichbehandlung geltend zu machen[192]. Der EuGH anerkennt unterdessen ausdrücklich, dass nationale (Ausschluss-)Fristen für die Rechtsverfolgung im Interesse der – auch dem Gemeinschaftsrecht immanenten[193] – Rechtssicherheit bestehen und daher an

keit der verwaltungsprozessual ausgerichteten Beschleunigungsgesetzgebung, UPR 2000, 81 (90 f.).

[189] EuGH, Slg. I 1991, 4269 – Tz. 23.

[190] Vgl. i. e. *Stadie*, Unmittelbare Wirkung von EG-Richtlinien und Bestandskraft von Verwaltungsakten, NVwZ 1994, 435 ff.; *Müller-Franken*, Gemeinschaftsrechtliche Fristenhemmung, richtlinienkonforme Auslegung und Bestandskraft von Verwaltungsakten, DVBl. 1998, 758 ff.; *Gundel*, Keine Durchbrechung nationaler Verfahrensfristen zugunsten von Rechten aus nicht umgesetzten EG-Richtlinien, NVwZ 1998, 910 ff.

[191] Auf dieser Linie liegt auch noch die Entscheidung in der Rechtssache „Peterbroeck", EuGH, Slg. I 1995, 4599 = DVBl. 1996, 249 = EuZW 1996, 636; kritisch dazu *Schmidt-Aßmann*, Ordnungsidee (Fn. 8), S. 321 f.

[192] EuGH, Slg. I 1997, 6783 = NVwZ 1998, 833 – Tz. 51; EuGH, Slg. I 1998, 4951 = DVBl. 1999, 30 = NJW 1999, 129 – Tz. 46.

[193] Vgl. etwa EuGH, Slg. 1994, 833 – Tz. 16, 17, 25; ferner *Kamann/Selmayr*, Das Risiko der Bestandskraft, NVwZ 1999, 1041 ff.

sich zulässig sind[194]. Folglich wird eine entsprechende nationale (Ver-fahrens-)Vorschrift im konkreten Fall daraufhin überprüft, ob sie die Anwendung des Gemeinschaftsrechts unmöglich macht oder übermä-ßig erschwert. Das ist dann nicht der Fall, wenn der nationalen Fristbe-stimmung Angemessenheit attestiert werden kann[195].

Vor diesem Hintergrund hat man bereits die „neue Zurückhaltung" des EuGH gegenüber dem nationalen Recht herausgestellt[196], und die deutsche Verwaltungsrechtsprechung hat sowohl der Widerspruchs-frist nach § 70 VwGO[197] als auch der Klagefrist nach § 74 VwGO[198] Europarechtskonformität bescheinigt[199]. Möglicherweise ist aber die in Deutschland eingekehrte „Beruhigung" etwas verfrüht. In einem Urteil vom 29. April 1999 hat der EuGH nämlich mit Nachdruck betont, das Gemeinschaftsrecht genieße Anwendungsvorrang auch gegenüber ei-ner konkret-individuellen, bestandskräftig gewordenen Verwaltungs-entscheidung[200]. Die Allgemeinheit der in jener Entscheidung gewähl-ten Formulierung weist von der zuvor betonten Einzelfallprüfung weg und deutet generelle Bedenken gegen das Institut der Bestandskraft von Verwaltungsakten an[201]. Man wird Zweifel daran äußern dürfen, ob die neue Rechtsprechung des EuGH mit der Verfahrensautonomie der Mitgliedstaaten vereinbar ist, zumal der Vollzugsgewinn des erneu-ten Rigorismus für das EG-Recht marginal sein dürfte.

---

[194] EuGH, Slg. I 1997, 4025 = NJW 1997, 2588 = EuZW 1997, 538 – Tz. 28; EuGH, Slg. I 1998, 4951 = DVBl. 1999, 30 = NJW 1999, 129 – Tz. 20.

[195] Z. B. EuGH, Slg. I 1997, 6783 = NVwZ 1998, 833 – Tz. 49: Angemessen-heit einer fünfjährigen Verjährungsfrist im dänischen Recht; EuGH, Slg. I 1998, 4951 = DVBl. 1999, 30 = NJW 1999, 129 – Tz. 39: Angemessenheit einer Aus-schlussfrist von drei Jahren im italienischen Recht; EuGH, Slg. I 1998, 7141 = DVBl. 1999, 384 – Tz. 42: Angemessenheit einer fünfjährigen Verjährungsfrist im italienischen Recht.

[196] *Brenner/Huber*, Europarecht und Europäisierung in den Jahren 1998/ 1999, DVBl. 1999, 1559 (1570).

[197] BVerwG, NVwZ 2000, 193.

[198] OVG RP, NVwZ 1999, 198.

[199] *Ehlers*, Europäisierung des Verwaltungsprozessrechts (Fn. 101), S. 76, stuft die deutschen Rechtsbehelfsfristen von einem Monat gerade noch als ge-meinschaftsrechtskonform ein.

[200] EuGH, Slg. I 1999, 2517 = EuZW 1999, 405 (m. Anm. *Schilling*) = EuR 1999, 776 (m. Anm. *Gundel*) – Tz. 26 ff.

[201] *Brenner/Huber* (Fn. 196), DVBl. 1999, 1559 (1565 f.); *Epiney*, Neuere Rechtsprechung des EuGH zum allgemeinen Verwaltungs-, Umwelt- und Gleichstellungsrecht, NVwZ 2000, 36 (37).

bb) Gerichtlicher vorläufiger Rechtsschutz

Der *verwaltungsgerichtliche vorläufige Rechtsschutz* gilt – neben der Klagebefugnis – als derjenige Bereich des Verwaltungsprozessrechts, der besonders intensiv vom EG-Recht durchdrungen wird[202]. Systematisch lassen sich drei Rechtsschutzkonstellationen unterscheiden[203]:

- Durchsetzung gemeinschaftsrechtlicher Rechte mit Hilfe des vorläufigen Rechtsschutzes[204];
- Abwehr von (sekundärem) Gemeinschaftsrecht durch vorläufigen Rechtsschutz;
- Inanspruchnahme vorläufigen Rechtsschutzes bei Untätigkeit von Gemeinschaftsorganen.

Ich beschränke mich im folgenden auf die beiden zuletzt genannten Konstellationen und konzentriere mich dabei auf die Voraussetzungen, unter denen nach Auffassung des EuGH vorläufiger Rechtsschutz gewährt werden darf.

Es ist bekannt, dass der EuGH in Anlehnung an *seine* Befugnis zur Aussetzung der Vollziehung (Art. 242 EGV) einheitliche Standards für das gerichtliche Aussetzungsverfahren postuliert hat, wenn ein in Vollzug einer EG-Verordnung erlassener Verwaltungsakt angegriffen und dabei die Gültigkeit der EG-Verordnung in Zweifel gezogen wird. Das nationale Gericht darf vorläufigen Rechtsschutz gewähren, wenn es

(1) erhebliche Zweifel an der Gültigkeit der Gemeinschaftsverordnung hat,

(2) die Frage dieser Gültigkeit dem EuGH, soweit dieser damit noch nicht befasst (gewesen) ist, vorlegt,

(3) die Eilentscheidung dringlich ist und

(4) dem Antragsteller ein schwerer, nicht wiedergutmachender Schaden droht und

(5) wenn das Gericht die Interessen der Gemeinschaft angemessen berücksichtigt[205].

Diese Voraussetzungen hat der EuGH – ebenfalls unter Rückgriff auf *seine* Befugnis zur Gewährung vorläufigen Rechtsschutzes (Art. 243 EGV) – auf den Erlass einer einstweiligen Anordnung übertragen[206].

---

[202] *Rodríguez Iglesias* (Fn. 84), EuGRZ 1997, 289 (294); *Schwarze* (Fn. 35), NVwZ 2000, 241 (250).

[203] Vgl. *Dörr*, in: Sodan/Ziekow (Fn. 35), EVR Rn. 468, 470, 482.

[204] Dazu oben B. III. 1. b) cc).

[205] EuGH, Slg. I 1991, 532 = NVwZ 1991, 460 = EuZW 1991, 313 = JZ 1992, 36 (m. Anm. *Gornig*) – Tz. 33.

[206] EuGH, Slg. I 1995, 3761 = DVBl. 1996, 247 = NJW 1996, 1333 = EuZW 1995, 837 (m. Anm. *Burmeister/Miersch*) – Tz. 39 ff.

Anderes indes gilt im Falle der Untätigkeit von Gemeinschaftsorganen (etwa bei Unvollständigkeit des sekundären Gemeinschaftsrechts); in einem solchen Fall gebe es keinen vorläufigen Rechtsschutz durch nationale Gerichte, die Kontrolle der Untätigkeit von Gemeinschaftsorganen falle – auch wenn sich der Rechtsschutz gegen Bescheide nationaler Behörden in Vollzug des unvollständigen sekundären Gemeinschaftsrechts richte – in die ausschließliche Zuständigkeit der Gemeinschaftsgerichte[207].

Im Schrifttum wird diese Judikatur als Herstellung praktischer Konkordanz zwischen der Letztentscheidungskompetenz des EuGH zur Gültigkeit von Gemeinschaftshandlungen einerseits und der Befugnis nationaler Gerichte zur Gewährung eines gewissen vorläufigen Rechtsschutzes andererseits gewürdigt[208]. Diese „Harmonisierungsthese" wird der rechtlichen Fragestellung jedoch nicht gerecht.

• *Kompetenzproblem*: Die EG besitzt keine Kompetenz zur Angleichung des nationalen Verwaltungsprozessrechts[209]. Der Sache nach hat der EuGH jedoch durch die Dekretierung detaillierter Maßstäbe für das Aussetzungsverfahren und für das einstweilige Anordnungsverfahren Rechtsetzung betrieben, die außerhalb der Verbandskompetenz der EG liegt[210]. Das vom EuGH zur Begründung seiner Rechtsangleichung im Verwaltungsprozessrecht bemühte Postulat einer Kohärenz im europäischen System des Rechtsschutzes[211] trägt juristisch nicht[212]; es setzt das rechtspolitisch Sinnvolle mit gelten-

---

[207] EuGH, Slg. I 1996, 6065 = NJW 1997, 1225 – Tz. 53.

[208] *Ehlers*, Europäisierung des Verwaltungsprozessrechts (Fn. 101), S. 128 ff.; in diesem Sinne auch *Jannasch*, Vorläufiger Rechtsschutz und Europarecht, VBlBW 1997, 361 ff., sowie *ders.*, Einwirkungen des Gemeinschaftsrechts auf den vorläufigen Rechtsschutz, NVwZ 1999, 495 ff.

[209] *Schwarze* (Fn. 35), NVwZ 2000, 241 (250).

[210] Einzelheiten bei *Schoch*, Die Europäisierung des verwaltungsgerichtlichen vorläufigen Rechtsschutzes, DVBl. 1997, 289 ff.; *Sandner*, Probleme des vorläufigen Rechtsschutzes gegen Gemeinschaftsrecht vor nationalen Gerichten, DVBl. 1998, 262 ff.

[211] EuGH (Fn. 205) – Tz. 18; EuGH (Fn. 206) – Tz. 22.

[212] *Lehr*, Einstweiliger Rechtsschutz und Europäische Union, 1997, S. 395 ff. und S. 523 ff. – Kompetenzrechtlich unzulänglich sind auch vielfach postulierte richterrechtliche Befugnisse zur Rechts(fort)bildung; vgl. etwa *Rohde*, Vorläufiger Rechtsschutz unter dem Einfluss des Gemeinschaftsrechts, 1998, S. 230 ff.; *Scherzberg*, Öffentlichkeit der Verwaltung (Fn. 39), S. 221 ff.; insoweit wird behauptet, was es erst zu ermitteln gilt, aber nicht ermittelt werden kann, nämlich kompetenzgemäße materielle Rechtsetzung und Rechtsangleichung durch den EuGH auf dem Gebiet des Verwaltungsprozessrechts; zutreffend dazu *Tonne*, Effektiver Rechtsschutz (Fn. 35), S. 302 ff., 306 ff.

dem Recht gleich, ohne dass damit im übrigen eine Existenzvoraus-
setzung für das Gemeinschaftsrecht formuliert wäre[213].

• *Rechtsschutzproblem*: Auch das Gemeinschaftsrecht kennt das Ge-
bot effektiven Rechtsschutzes[214]. Wendet sich ein Marktbürger unter
Berufung z. B. auf primäres Gemeinschaftsrecht oder sonstiges In-
ternationales Recht im Wege des vorläufigen Rechtsschutzes gegen
den nationalen Vollzugsakt z. B. einer EG-Verordnung, ist zweifelhaft, ob die vom EuGH postulierten Voraussetzungen effektiven
und damit gemeinschaftsrechtskonformen Rechtsschutz zulassen[215].
In der Konstellation der Untätigkeit von Gemeinschaftsorganen ist
dies kaum der Fall. Zum einen kann der EuGH im Wege des Vorla-
geverfahrens (Art. 234 EGV) vom nationalen Gericht nicht einge-
schaltet werden, da es nicht um die Gültigkeit oder Auslegung von
Gemeinschaftsrecht geht[216]. Zum anderen kennt das Gemeinschaftsrecht keine Verpflichtungsklage, so dass auch die Europäische Gerichtsbarkeit angesichts der Akzessorietät zwischen Eilverfahren
und Hauptsacheverfahren (vgl. Art. 242, 243 EGV) keine Regelungs-
anordnung erlassen kann[217]. Man wird fragen dürfen, ob damit die
Mindeststandards nicht nur des Art. 19 Abs. 4 GG, sondern vor allem auch des gemeinschaftsrechtlichen Gebots zur Gewährung effektiven Rechtsschutzes nicht unterschritten sind[218].

---

[213] *Schenke*, Der vorläufige Rechtsschutz zwischen Rechtsbewahrung und
Flexibilitätsanforderungen, VBlBW 2000, 56 (65). – Rechtlich fragwürdig der
„Rettungsversuch" zugunsten des EuGH von *Schwarze* (Fn. 35), NVwZ 2000,
241 (250), der die fehlende Gemeinschaftskompetenz zwar anerkennt, dann
aber „Gesichtspunkte" zugunsten der Rechtsprechung des EuGH vorbringt.
Soll eine Kompetenzfrage im Wege der Abwägung anhand für sinnvoll gehalte-
ner rechtspolitischer Topoi gelöst werden können?

[214] *Stern* (Fn. 48), JuS 1998, 769 (770); *Dörr*, in: Sodan/Ziekow (Fn. 35), EVR
Rn. 429 ff.; *Tonne*, Effektiver Rechtsschutz (Fn. 71), S. 200 ff.

[215] *Dörr*, in: Sodan/Ziekow (Fn. 35), EVR Rn. 481.

[216] *Ehlers*, Europäisierung des Verwaltungsprozessrechts (Fn. 101), S. 133.

[217] Zu der darauf basierenden Kritik am EuGH vgl. *Koenig*, Gemeinschaftsrechtliche Unzulässigkeit einstweiliger Regelungsanordnungen gem. § 123 I
VwGO im mitgliedstaatlichen Vollzug einer Gemeinsamen Marktorganisati-
on?, EuZW 1997, 206 ff.; *Ohler/Weiß*, Einstweiliger Rechtsschutz vor nationalen Gerichten und Gemeinschaftsrecht, NJW 1997, 2221 f.

[218] Hier zeigt sich, dass die eindimensionale Fixierung des EuGH auf die ef-
fektive Durchsetzung des (materiellen, sekundären) Gemeinschaftsrechts gegenüber der eigenständigen Funktion des Prozessrechts zu kurz greift; treffende
Kritik an der eindimensionalen Verwendung des auf zweipolige Verhältnisse
festgelegten Relationsbegriffs der „Effektivität" bei *Tonne*, Effektiver Rechtsschutz (Fn. 35), S. 295 f. – Die Ambivalenz (und damit die Mehrdimensionali-
tät) des vorläufigen Rechtsschutzes hervorhebend *Potacs*, Europäische Union

Insgesamt hinterlässt die Rechtsprechung des EuGH zum verwaltungsgerichtlichen vorläufigen Rechtsschutz einen zwiespältigen Eindruck. Dem Gerichtshof sollte die Gelegenheit gewünscht werden, sowohl über die Kompetenzfrage als auch über die Rechtsschutzproblematik nochmals nachdenken zu können.

C. Ausblick

Gestatten Sie mir nach dieser „tour d'horizon" zum Schluss einen Ausblick zum Fortgang der Europäisierung des verwaltungsgerichtlichen Rechtsschutzes. Prognosen dazu können hier nicht gestellt werden. Wohl aber lassen sich Bedingungen formulieren, die aus rechtlicher Sicht den Europäisierungsprozess steuern sollten. Unabdingbar erscheint mir die Konvergenz der Systeme[219]. Dabei sollte allerdings nicht nach dem Muster von „Gewinn- oder Verlustlisten" vorgegangen werden. Wichtiger sind die Analyse der Sachprobleme und – speziell aus deutscher Sicht – eine Reaktivierung der fortbestehenden Aufgabe zur Systembildung[220]. Dazu muss die deutsche Verwaltungsgerichtsbarkeit einen entschieden(er)en Beitrag leisten[221]. Wenn die Zeichen nicht trügen, steht die Verwaltungsgerichtsbarkeit in der Gefahr, den Anschluss an aktuelle Entwicklungen im (Gesamt-)Rechtssystem zu verpassen und durch eine Konzentration auf – gewiss nicht unwichtige – rechtliche Detailfragen den Blick für das Ganze zu verlieren. Woher soll dann aber in der Praxis die Systemsteuerung kommen, zumal die Steuerung der Verwaltung durch das parlamentarische Gesetz nachlässt?

Die vor dem skizzierten europarechtlichen Hintergrund angesagte „Integration durch Recht"[222] kann im übrigen nur gelingen, wenn zwischen europäischen und nationalen Instanzen ein Prozess des gegensei-

---

und Gerichtsbarkeit (Fn. 42), S. 40: einerseits Beeinträchtigung des einheitlichen und wirksamen Vollzugs von Gemeinschaftsrecht bei Gewährung vorläufigen Rechtsschutzes gegen das (sekundäre) Gemeinschaftsrecht, andererseits Gefahr der Schaffung von dem (primären) Gemeinschaftsrecht widersprechenden „vollendeten Tatsachen" bei Versagung vorläufigen Rechtsschutzes.

[219] *Riedel* (Fn. 165), VVDStRL 58 (1999), 180 (215); *Hirsch* (Fn. 96), VBlBW 2000, 71 (75).

[220] *Schmidt-Aßmann* (Fn. 30), VBlBW 2000, 45 (50).

[221] *Ehlers*, Europäisierung des Verwaltungsprozessrechts (Fn. 101), S. 141.

[222] Dazu *Schmidt-Aßmann*, Ordnungsidee (Fn. 8), S. 323.

tigen Lernens in Gang gesetzt wird[223]. Das über eine strukturelle Überlegenheit verfügende Gemeinschaftsrecht[224] sollte mit seiner bisweilen einseitig wirkenden spezifischen Vollzugsrationalität behutsam umgehen, damit gemeinsame Rechtsschutzstandards entwickelt werden können und nicht „Widerstände" in dem um seinen Eigenwert fürchtenden nationalen Recht provoziert werden. Einen maßgeblichen Beitrag hierzu könnte die Rechtsprechung der Gemeinschaftsgerichte leisten[225]. Sie sollten das Prinzip der gegenseitigen Rücksichtnahme stärker berücksichtigen und damit entscheidend dazu beitragen, dass die Europäisierung des verwaltungsgerichtlichen Rechtsschutzes zu einer „Erfolgsgeschichte" werden kann.

---

[223] Ein Beispiel hierfür stellt die beiderseitige Rezeption des Übermaßverbots dar; vgl. dazu *Pache*, Der Grundsatz der Verhältnismäßigkeit in der Rechtsprechung der Gerichte der Europäischen Gemeinschaften, NVwZ 1999, 1033 ff.

[224] Besonders signifikant kommt dies zum Ausdruck, wenn das Gemeinschaftsrecht – in der Judikatur des EuGH – mit seiner bisweilen zu beobachtenden relativen Eindimensionalität an das nationale Recht herantritt; Analyse und Beispiele dazu bei *Schoch*, Die Europäisierung des Allgemeinen Verwaltungsrechts, JZ 1995, 109 (117 f.).

[225] *Schwarze* (Fn. 35), NVwZ 2000, 241 (251).

www.ingramcontent.com/pod-product-compliance
Lightning Source LLC
Chambersburg PA
CBHW050128240326
41458CB00125B/2474